寒　雁　集

增修本

謝秀文著

文　學　叢　刊

文史哲出版社印行

國家圖書館出版品預行編目資料

寒雁集 / 謝秀文著.-- 初版.-- 臺北市：文史哲，民 103.08
頁； 公分（文學叢刊；330）
ISBN 978-986-314-204-1（平裝）

848.6 103015660

文學叢刊 330

寒雁集 增修本

著者：謝秀文
出版者：文史哲出版社
http:// www.lapen.com.tw
e-mail：lapen@ms74.hinet.net
登記證字號：行政院新聞局版臺業字五三三七號
發行人：彭正雄
發行所：文史哲出版社
印刷者：文史哲出版社
臺北市羅斯福路一段七十二巷四號
郵政劃撥帳號：一六一八〇一七五
電話886-2-23511028・傳真886-2-23965656

實價新臺幣四〇〇元

中華民國一〇三年（2014）八月初版

ISBN 978-986-314-204-1 09330

謝秀文教授暨夫人楊大榮女士

巢何在

雁陣驚寒越南衡
蓬萊春暖喜相逢
年年煙雨迷歸路
歲歲魂夢寄北風
月征日邁童顏改
物換星移故園傾
迴繞三匝巢何在
展翼海天嘯長空

爲紀念余夫婦結縭四十三載暨遠離故土五十五易寒暑而作

謝秀文
楊大榮 於鳳山

民國九十二年六月二十六日

西班牙天才建築師高第的傑作（教堂）前

「展翼海天」掠影

倫敦泰晤士河畔

日本月光島海岸小息

巴黎塞納（Seine）河上

葡萄牙發現者紀念碑前

澳洲 Sydney opera House 劇院

墨西哥 Chichen Itea 類金字塔式古堡建築前

陶序

民國三十六、七年，山東各地學生因重要城市相繼為共軍佔領，紛紛離開了家鄉，逃至南京，教育部及山東省政府教育廳先後在京滬、滬杭、浙贛、粵漢各鐵路沿線設立許多學校收容這些流亡學生。三十八年四、五月間，國立濟南第一、二、三、四、五、及煙台、昌濰、海岱等八個臨聯中學的師生，分途到達廣州，再播遷至台灣澎湖，十七歲以上或身材較高的男生集體被編兵，幼年男生及女生，成立了澎湖防衛司令部子弟學校，繼續未完成的學業。民國四十二年二月，子弟學校遷至彰化縣員林鎮，改名教育部特設員林實驗中學。秀文兄原在國立濟南第三聯合中學，我是第一聯合中學，到了子弟學校和員林實中時期，我倆才成為同甘苦、共患難、睡大通鋪、一塊吃大鍋飯的同學。

在澎湖的三年多，我們少小離家未久，隨學校來台，除老師、同學外，可以説舉目無親。大家難免有「獨在異鄉為異客」的感觸！例如那時流行的歌曲，大都是圍繞著思念母親和家鄉的，如〈思鄉曲〉：「月兒高掛在天上，光明照耀四方，在這個靜靜的深夜裡，記起了我的故鄉……故鄉遠隔在重洋，旦夕不能相忘，那兒有我高年的苦命娘，盼望著遊子返鄉。」十足説明大家當時的心情。秀文兄為紓解思念家鄉、親人之苦，時有感懷之作，就以「雁」或「寒雁」為筆名，撰有詩、文等十數篇，陸續發表在澎湖唯一的大報《建國日報》的「海風」或「學習園地」上。大多數同學，那時只想到如何玩耍或吃頓飽飯，而他僅是初中的學生，已能言為心聲，寫成詩文，向報紙投稿，且被刊出；其文學的才華，已展露無遺。民國四十五年高中畢業後，順利考上了台灣成功大學的第一屆中國文學系，不僅圓了上大學之夢，並可盡情揮灑其寫作的興趣，令人欣幸！沒想到卻事與願違，因為困頓的生活，壓得他喘不過氣來。在〈前塵——學生時代的寫作心路歷程〉代跋中，他追憶考取成大後，為無法籌措註冊的學雜費，曾與考入成大的十餘位實中同學晉見閻振興校長，希望體諒我們這些隻身在台、毫無經濟來源的窮學生，能減免一些學雜費。不料竟被閻校長嚴詞拒絕。秀文兄為了籌措學雜及伙食等費，不得不想盡辦法去兼差，而且幾乎全年無休，根本沒有寫作的時間和心情，這對他是多麼痛苦的事！

與秀文兄相較，我幸運多了。民國四十四年我考取台灣大學中國文學系，註冊時也面臨著繳不起學雜費的窘境。乃和同時考取台大的同學們聯名寫報告，申請援實中早一年考到台大的常永棻、莊惠鼎、許延熇等學長之例，學雜住宿等費減半繳納，要繳的一半再請求緩繳，等找到家教賺些外快後再行補繳。將報告送給訓導長秘書張樂陶教授時，張教授很慈祥的垂詢在實中的生活情形，頗予嘉勉，便說：「這報告不妥，你們申請減免一半，那一半誰替你們付？你們又能到那裡去籌這筆錢？回去另寫一報告，申請全免。你們實中同學的困難，我非常清楚；學校方面，我會儘量替你們爭取。不過，防癆協會每年照Ｘ光的五塊錢，是學校代收的，無法減免。」我們最大的希望也只是能減免一半，結果只繳了五塊新臺幣就辦好註冊手續，並且優先分配到免費的宿舍。其後張教授復在校務會議提案並獲得通過：「以後凡是員林實中畢業而在原校享受公費的學生，考到台大後，一律免收學雜住宿等費，不必再個別申請。」所以我讀了四年台大，總共只繳了代防癆協會所收的二十元。說起來難以令人置信！我們遇到錢思亮校長、傅啓學訓導長及其秘書張樂陶教授，運氣真是太好了。錢校長和閻校長是多年老友，但兩人對窮學生的態度，何啻天壤之別！

秀文兄自成大畢業後，一面教書，一面讀書，並一頭栽進學術研究領域，終於實現了揮動如椽大筆的素願，由講師順利升任副教授、教授，並曾任陸軍官校大學部文史系主任、南區大專院校國文教學研究會召集人等職。退休後，又被陸軍官校禮聘為榮譽教授。著作等身，一帆風順！

而我在中文系讀了一個學期，認真看了一下四年的課程表，發覺自己不是學文學的料，既不懂得欣賞詩詞歌賦，更不會寫作；對文字學、音韻等更是缺乏興趣，便想轉換跑道。我高中時同班的王德毅、王曾才、馬先醒三位老友均在歷史系，於是二年級時便轉到了歷史系，成了中文系的逃兵。

由秀文兄的著作年表，藉悉於系統學術研究專書之外，也曾在各大報刊撰寫過許多篇詩文，為免散軼，於民國九十三年五月結集出版，書名《寒雁集》。至民國九十九年二月，又印行《寒雁集》的續篇：《何處覓桃源》。前者係歷年的讀書心得、書畫題序、文藝創作，以及專題演講的講稿；後者則為寄寓美國休士頓時一些感懷之作，曾發表於美南新聞《美南週刊》。都非常暢銷。

民國一〇二年三月九日，秀文兄電告，《何處覓桃源》一書，北京文史出版社已印行簡體字本，頗獲好評；該社又要出版其《寒雁集》之簡體字本，乃調整了一下原來的順序，並增補了若干篇，仍名《寒雁集》。因我曾拜讀過這本大著，故又將增補的幾篇寄下，囑看完後為此增訂本寫一序文。我諦聽之下，深感惶恐！自忖以一個中文系的逃兵，怎敢為文史系系主任、且在兩岸都受肯定的著作寫序！不敢應命。秀文兄即責以同為北雁南飛的患難老友，怎可推三阻四？大帽子一扣，便不能再有異詞。

重讀《寒雁集》以及增補之篇章，認為其為文的態度，是百分之百的「文以載道」。每寫一文，皆有其深意；即使是寫旅遊，也與一般遊記不同，令讀者慢慢體會其更深一層的目的。他以「雁」及「寒雁」為筆名，足以說明是位念舊之人。記述家鄉魯南的方音，就是愛鄉的具體表現。悼念流亡時的老校長王志信（篤修）師，以及為安學端（子正）師撰寫事略，莫不真情流露。賀蘇雪林教授寫作五十年的朗頌詩，刻劃出蘇教授一生的風骨。這些都說明了他是多麼尊師重道！

他另一筆名「謝斌」，當與在陸軍官校任教三十多年、培育出無數文武合一的優秀軍官有關。所寫〈陌生人〉，係記一位抗日的無名英雄；〈相親〉一篇，則是用另外一種方式，表達軍人的真誠可愛。字裡行間，熱愛國家之情，溢於言表。

在增補的各篇中，我非常欣賞〈剩閒人生〉，真是文如其人，豁達之人生觀，不言而喻。退休後，做到了拿得起，放得下！他與楊大榮女士由患難與共的同學結為夫妻，是老友們人人稱羨的神仙眷屬。他們放下了生活的重擔，宛如閒雲野鶴，攜手展翼海天，暢遊世界名勝古蹟，倫敦泰晤士河畔、巴黎街頭、澳洲、日本、墨西哥等地，都留下同遊的儷影；在休士頓海邊，兩個「漁翁」，一竿在手，一壺酒，一溪雲，鶼鰈情深，形影不離，真正作了個閑人；但無蘇東坡的懷才不遇及抱怨，怡然自得的享受美好人生，令人羨慕！

說起來，我們山東的流亡學生，在歷史上也是一大奇蹟！所表現的山東傳統精神、以及堅忍不拔的意志，非常值得驕傲！而且從另一個角度來看，我們這一代竟是遷台的始祖！所以，我認為應該把我們過去艱辛的成長過程，有系統的寫下來，作為留給子女們的文化資產，使他們將來不致數典忘祖！當年的苦難日子雖已過去，可是那一段悲壯的歷史，不可使其留白，更不應任其隨風而逝！

孟子曾說：「頌其詩，讀其書，不知其人，可乎？」秀文兄一生多彩多姿的事蹟，大多散處在所寫各篇文章中，若不仔細閱讀，很難獲得完整的印象。因此，我勸他考慮作有系統的整理，單獨印行一本回憶錄，其意義絕對不是其他著述可以比擬的。秀文兄衡酌之後，欣然接受我的建議，並允馬上動筆。相信在不久的將來，其另一部大著，即可與讀者見面。這或許就是我寫此序催生的重大收穫！

陶英惠　民國一〇二年四月十八日於台北南港

《寒雁集》增訂本序

「寒雁集」是我多年來系統學術研究專書出版之外，所寫的一些讀書心得、書畫題序、專題演講、文藝創作等文字的自選集。計收「我們的根」等三十三篇。由台灣高雄昶景文化事業有限公司于民國九十三年（二〇〇四年）五月母親節初版。今除勘正原刊本之錯字，刪除「張爾岐先生其人其事」一篇，並將含有學術性的專論五篇，書畫題序四篇暨新作一篇，集中於本集最後之「附篇一」、「附篇二」外，再增選近年發表予報刊之語體散文「剩閒人生」等十篇入本集。經此增修後，本集計收「我們的根」等四十四篇，仍以「寒雁集」名。僅於書名「寒雁集」之下附「增修本」三字，以示與原集有別。因此本集所收文字，寫作時空差距頗大，讀之或有今昔之感。但為供讀者思考之空間，仍以原文入本集，不加更動，並於每篇文末署明發表刊物之名稱、期別、時間、或寫作年代。

再者，本集之以「寒雁」名，乃緣於當年萬餘北國兒女，分屬八個山東聯合中學，因戰亂而效北雁避寒而南飛，惟此雁陣至衡陽回雁峰而不得止，終齊集澎湖。時我與內子楊大榮女士亦因均在雁陣同讀初中而相識。時初客異鄉，顛沛困頓之餘，年雖小而感傷特多，筆者時有「兒戲」之作，刊於澎湖「建國日報」，筆名「寒雁」（本書之後附有該報原刊本兩篇）。因此本集以「寒雁」名，實為紀念那段艱辛歲月而已。

感謝當年南飛雁陣中的患難老友前中研院近史所研究員兼總辦事處秘書主任陶英惠教授賜序。

民國一〇二年母親節　謝秀文序于鳳山

寒雁集（增訂本）　目　次

陶序 …… 一
寒雁集增訂本序 …… 九
我們的「根」 …… 一五
棄智——老子的儆世哲理 …… 三九
論司馬遷的忿怒 …… 四四
無賴帝王與悲劇英雄 …… 五〇
古早「站台人」——姜太公 …… 六〇
閒話魯南方音 …… 六五
一棵小草的獻禮——敬悼老校長　王篤公（修） …… 七一
安學端先生事略 …… 七六

永恆的追思——和煦如春風，光明如旭日……七九
人文精神之培養與實踐……八四
課堂外的幾句話……九六
念茲斯意厚——「志清樓」落成……一〇二
偷得浮生幾日閒……一〇三
南瀛遊蹤……一一六
過客……一二二
陌生人……一二九

短篇小說

相親……一三七

詩歌篇

強人頌（朗誦詩）……一四七
石頭的話——新昭君怨……一五〇
示兒……一五四

我……一五五
雪二章……一五六
一、老友……一五六
二、天使的葬禮……一五七

新增近作十篇

「剩閒」人生……一六一
人生感懷……一六六
從「象棋」遊戲看人生……一六九
尋找一九四九滴落在大江大海裡的眼淚……一七五
「金玉滿堂」與人間禍福……一七八
梅花香自苦寒出 麗質美從善心來——我們所認識的梅麗女士……一八四
我曾看到女媧鍊石補的「天」……一八九
「大千世界盡眼底 動靜剎那皆永恆」再續篇……一九六
新寵……二〇二

流浪人生……二〇四

附篇一：專論五篇

論語「宰予晝寢」之商榷……二〇九
談談管仲與「三歸」……二一五
秦正建亥不自秦一六國始……二一八
秦曆探源……二二三
國文教學的時代使命……二三二

附篇二：書畫題序五篇

張煥卿教授《情誼涓滴訴流不盡》序（近作）……二四一
曾爲惠先生《老子中庸思想》序……二四五
林麗娟女士《吾心自有光明月——王陽明詩探究》序……二四七
顧柔利女士《賦之新變——北宋文賦研究》序……二四九
一幅難忘的畫——張西郇先生《工筆花鳥畫冊》序……二五〇
前塵——代跋……二五四
作者著作年表……二六三

我們的根

一、前　言

筆者忝任教席，課餘閒聊，某同學突然問道：「請問老師：前副總統謝東閔先生競選時，在國民大會中曾說：『我也是從大陸遷來的，我是我家遷台第六代，我的兒子是第七代，孫女是第八代。』老師，你也姓謝，你和謝副總統是不是一家？」同學們明知筆者原籍是孔、孟之邦，而且民國三十幾年才離家來台的，卻要如此問我，於是我正色的答道：「當然是一家，只不過由江北遷江南，再由江南輾轉遷台的時間先後不同而已。」同學們全都笑了，笑得非常可愛。於是我又說：「其實不管你姓什麼，只要你是中華兒女，若干年前都應該是一家的。」

說到這兒，不少人止住了笑聲，瞪大了眼睛說：「姓什麼也是一家？」我相信他們下面一定想說：「真是鬼扯！」只是看在我這「老師」的分上，不好意思出口而已。看情形，今天不能不針對姓氏的來源問題談談了。

二、從省文復會完成整理公佈的八十個堂號談起

民國六十七年五月八日，省文復會完成整理在台地區二六七姓，分屬八十個堂號，在中央日報公佈。這是一份有關中華民族姓氏源流的重要文獻。該文不但整理出各堂所屬的各姓，而且更考証出各堂、各姓原屬大陸某地，以及該姓與該地的歷史淵源。

不過惟一遺憾的是，雖然從該文中可以清楚的瞭解，在台的各堂、各姓都是從大陸各地遷來，但卻看不出姓與姓的關係和來源。因爲這八十個堂號，都是漢魏以來大陸各地的郡縣或地方名稱。時間上最遠也只有兩千多年左右。該文只是敘述到此時爲止。如果我們要從漢魏的時代，再上推兩千多年，然後再作一番考查的話，就不難瞭解姓不同也是一家人的道理。

再上推兩千多年，那正是炎、黃時代。

我們常說：「我們是炎黃子孫。」這不是一句口號。從血緣關係看，確是如此。

三、炎、黃兒孫

黃帝代炎帝而有天下，中國正式建國。這是你我都清楚的史實。但是要知道黃帝、炎帝原本也是一家。【國語】甚至把他們說成同胞兄弟。【國語】說：

> 少典娶有蟜氏女，生黃帝、炎帝。

由於炎帝長於姜水，因而姜姓（註一）。黃帝長於姬水，因而姬姓。又黃帝本姓公孫，居軒轅之丘，所以又稱軒轅氏（註二）。

黃帝的兒子很多，據史記五帝本紀說：

> 黃帝二十五子，其得姓者十四人。

關於黃帝的二十五子，及十四人得姓的問題，索引解釋說：

> 舊解破四為三，言得姓十三人耳。今案：國語胥臣云：「黃帝之子二十五宗，其得姓者十四人，為十二姓；姬、酉、祁、己、滕、葴、任、荀、僖、姞、儇、衣是也。」

據史記的記載，這二十五子中，有正妃嫘祖生的兩個，一是玄囂，即青陽；二是昌意。在其他古書上尚能見到的，有夷鼓、蒼林（註三）等。要完全把名字找齊，是不可能的了。

黃帝的兒子們，後來有的繼帝位（玄囂繼黃帝位，是爲少昊）；有的降爲諸侯（如華陽國志說：「黃帝爲子昌意娶蜀山氏，後子孫因封焉。」）（註四）有的降而爲平民。從此黃帝子孫遍中國。

黃帝崩後，葬於橋山。兒孫中有的爲守黃陵而住在橋山，於是以橋爲姓（註五）。「橋」字後來有的簡化爲「喬」姓（註六）。

到此我們可以計算一下，就黃帝和兒子之間，我們所能確知的姓氏，就有公孫、姬、酉、祁、己、滕、葴、任、荀、僖、姞、儇、衣、橋、喬十五姓之多。再說，這才只是個開始呢。

四、姓氏隨著炎、黃子孫的擴展而擴展

我們知道，在黃帝開始建國的時代，天下（中國）人口不多。活動的範圍也不

大。後來由於炎、黃兒孫不斷的向外開拓、分封與遷移，於是土地、人口、姓氏也就越來越多、越廣了。這種姓氏隨著炎黃兒孫擴展而擴展的狀況，我們可以從兩方面來看；一是從黃帝以後的各代帝王看；二是從各代諸侯的分封與家族的遷移看。

甲、黃帝至秦漢的正統帝王

自黃帝至秦漢，正統的帝王，不外是少昊、顓頊、帝嚳、堯、舜，以及夏、商、周的君王們。他們都是黃帝的後裔。以下分別考證他們的譜系，並略述他們姓氏的流變和擴展。

少昊：少昊就是玄囂青陽，黃帝的兒子，繼黃帝而有天下（註七）。因爲他又號金天氏（註八），所以他的子孫中，有的以「金」爲姓（註九）。這支金姓原是居住在今日的山東曲阜一帶（少昊陵即在此）。後來子孫繁衍，逐漸南遷彭城等地。

顓頊：顓頊就是高陽，是黃帝的孫子。史記上說：（註一〇）

> 帝顓頊高陽者，黃帝之孫，而昌意之子也。

因爲顓頊號高陽，所以他的子孫中，有的以「高」爲姓（註一一）有的以「高陽」

爲姓（註一二）。如呂氏春秋上有位「高陽魁」，就是高陽的後人。

帝嚳：帝嚳就是高辛。是黃帝的曾孫。史記上說：（註一三）：

高辛父曰嶠極，嶠極父曰玄囂，玄囂父曰黃帝。

帝堯：名放勳。謚曰堯。帝嚳子。史記上說：（註一四）：

帝嚳娶陳鋒氏女，生放勳。

帝嚳爲黃帝的曾孫。堯當然是黃帝的玄孫。姓伊祁氏（註一五）因此爲伊姓之祖。又堯未即帝位前，曾被封於陶、唐。所以又稱爲陶唐氏、唐堯。因此他的子孫中，有的以「陶」爲姓；有的以「唐」爲姓（註一六）。故知伊、陶、唐三姓均始於堯。

帝舜：名重華。國號虞。姚姓。黃帝八世孫。史記上說：

虞舜者，名曰重華。重華父曰瞽叟，瞽叟父曰橋牛，橋牛父曰句望，句望父曰敬康，敬康父曰窮蟬，窮蟬父曰帝顓頊，顓頊父曰昌意，以至舜七世矣。

由於舜國號「虞」，所以子孫中，有的以「虞」爲姓。又當舜爲庶民時，堯妻以二女，居於嬀汭，所以子孫中又有的以「嬀」爲姓，「嬀」姓的一支到了周武王時被封於陳，又爲陳姓的始祖（均見五帝本紀及陳世家）。所以姚、虞、嬀、陳各姓均源於舜。

夏朝：夏代自禹始。史記夏本紀說：

夏禹名曰文命。禹之父曰鯀，鯀之父曰帝顓頊，顓頊之父曰昌意，昌意之父曰黃帝。禹者黃帝之玄孫，而帝顓頊之孫也。

可知禹也是黃帝的玄孫。自禹以後形成家天下的局面。當然自禹至桀全是禹的子孫。禹姓姒，因禹國號為「夏」，所以他的子孫有的以「夏」為姓（註一七）。又周武王「封大禹之後於杞」（周本紀），子孫有的以「杞」為姓。

商朝：商又稱殷。自湯始有天下。湯的遠祖是契（堯的兄弟）。因佐禹治水有功而封於商（今陝西，商縣），賜姓「子」氏。《史記殷本紀》說：

殷契，母曰簡狄，有娀氏之女，為帝嚳次妃。三人行浴，見玄鳥墮其卵，簡狄取吞之，因孕生契，契長而佐禹有功……封於商，賜姓子氏。

所謂吞鳥卵而生契，神話而已。這正如後來漢高祖的一段神話很相似。據司馬遷說，當年漢高祖的母親，躺在大澤邊，夢與神遇，高祖的父親劉太公過去一看，居然看到一隻蛟龍趴在高祖母親身上「臨幸」，於是就生了漢高祖，所以高祖隆準、龍顏。不過高祖自己還是自認是劉太公的兒子。契既是帝嚳妃所生，當然是帝嚳的兒子。《史記殷本紀》又說：

契卒，子昭明立，昭明卒子相士立……主癸卒子天乙立，是為成湯。

由以上的記載，可以清楚的推算出，成湯是帝嚳之子契的十四世孫。當然也就是黃帝的十八代孫。契當年雖賜姓「子」，但因封於商，至湯時又以商爲國號，所以他的子孫有的姓「商」爲（註一八）。成湯的「湯」是諡號，他的子孫於是有的就以「湯」爲姓（註一九）。自湯至紂，當然都是一脈相傳的子孫。

周朝：周朝至武王始有天下。武王的遠祖是「弃」，「弃」也是帝嚳的兒子。史記周本紀說：

周后稷，名弃。其母有邰氏女，曰姜原，姜原為帝嚳元妃。姜原出野，見巨人跡，心怡然，欲踐之，踐之而身動如孕者。居期而生子……初欲弃之，因名曰弃。

這姜原踐巨人跡的神話，和契的神話差不多。姜原既爲帝嚳元妃。顯然「弃」爲帝嚳的兒子。後來封「弃」於邰，號曰后稷。姓姬氏。自弃至武王的世系，據史記周本紀開列於下：

后稷（弃）—不窋—鞠—公劉—慶節—皇僕—差弗—毀隃—公非—高圉—工圉—公叔祖類—古公亶父—季歷—昌（文王）—發（武王）

此知文王是黃帝的十八代孫，武王是十九代孫。姬昌謚「文」，子孫中有以「文」爲姓（註二〇）的。如越國的文種，宋朝的文天祥是。由於國號「周」，所以子孫中又有以「周」爲姓（註二一）的（此僅爲周姓起源之一）。

以上自黃帝建國，至周有天下，各代帝王，無一不是黃帝的裔孫。且在一代一代的交替繁衍中，形成了很多不同的姓氏。

乙、各代諸侯與世家大族的分封與遷移

自黃帝至周末，每個王朝，每位帝王，都少不了有公子王孫的向外分封，及大家貴族的遷徙。筆者僅以周朝爲例，略述周朝時諸侯的分封、遷移，與姓氏擴展的概況。

吳：始於吳太伯和太伯的弟弟仲雍。他們兩位都是周太王的兒子，王季歷的哥

哥。爲讓國而逃到今日無錫一帶的荆蠻地區，乃有吳國（註二二）。子孫以「吳」爲姓（吳姓起源之一）（註二三）。

魯：始於周公旦。史記魯世家：「周公旦者，周武王弟也。……封周公旦於少昊之虛曲阜，是爲魯公。」周公命兒子伯禽到魯國主政。魯君傳到桓公以下，姓氏分了好幾支，如桓公的兒子慶父，亦稱共仲或仲孫氏。爲姓「仲孫」的先人。後因慶父弒君，諱弒君的罪過，又改稱孟氏，於是又成爲「孟」姓的先人（註二四）。桓公的另一個兒子季友，季友的子孫爲季孫氏，爲季姓的先人（註二五）。

燕：始於召公奭。史記說：（註二六）

召公奭與周同姓。姓姬氏。周武王之滅紂，封召公於北燕。

位於今日的河北一帶。子孫以「燕」爲姓（註二七）。

晉：晉地原爲唐國（唐堯的後人）。周成王封弟叔虞於唐，稱唐叔虞。因唐地有晉水，所以到了叔虞的兒子燮時，稱晉侯，乃成晉國（見史記晉世家）。三家分晉後，晉侯的子孫以「晉」爲姓（註二八）。

韓：始於韓武子。史記韓世家說：

韓之先與周同姓，姓姬氏。其後苗裔事晉，得封於韓原，曰韓武子。武子後三世有韓厥，從封姓為韓氏。

所以韓武子爲「韓」姓的先人。後子孫分散，江淮間因音近以韓爲何，遂爲何氏（見元和姓纂五歌）。

魏：始於畢萬。畢萬的先人是畢公高。據史記言（註二九），畢公高與周同姓姬。武王伐紂，而高封於畢。於是爲「畢」姓（據馬融說，畢公高爲文王庶子）。到畢萬始封於魏。至魏桓子與韓、趙三家滅晉而爲魏。子孫以「魏」爲姓（註三〇）。又畢公高的裔孫有一支封馮域，以封邑馮爲氏（參閱元和姓纂一東）。所以畢、魏、馮是近支，均爲周後。

宋：始於微子。史記宋微子世家說：

微子開者，殷帝乙之首子而帝紂之庶兄也。

周成王時命微子開代殷後，奉其先祀，國於宋（註三一），原是「子」姓。既封於宋，子孫有的以國爲姓而姓「宋」（註三二）。有的以王父字爲氏而姓「樂」（註三三）。又微子後裔到孔父嘉而姓孔氏。再到孔防叔而遷魯，後乃有孔子（註三四）。

所以子、宋、樂、孔等姓是近支。

楚：始於熊繹。熊繹是帝顓頊的後裔，周成王時，封於楚蠻。姓芈氏（詳見史記楚世家）。熊繹生熊艾，熊艾生熊——因而子孫以「熊」爲姓（註三五）。楚亦號荆。所以子孫有的姓「楚」（註三六），也有的姓「荆」（註三七）。屈姓也爲楚的分支（註三八）。因而熊、楚、荆、芈、屈等姓是近支。

秦：始於非子。非子是帝顓頊的後裔（見史記秦本紀）。自顓頊傳到柏翳（亦作伯益，據說伯益又爲「伯」姓之祖。）時，始賜姓嬴氏。到造父時，別居趙，姓趙氏，爲趙國及趙姓的先人。再到周孝王時，始將柏翳裔孫非子封於秦。號曰秦嬴。自此乃有秦國。子孫有的「秦」姓（按：此僅爲秦姓來源之一），有的「嬴」姓（註三九）。

趙：始於造父。造父的先人與秦同爲柏翳，前已言之。周繆王賜造父以趙城，始有趙國。子孫以「趙」爲姓（註四〇）。所以嬴、秦、趙等姓是近支。

齊：始自太公望。太公爲炎帝後裔，本姓姜、名尙。他的先人在虞夏之際封於呂，因而又從其封姓稱呂尙（註四一）。既左武王得天下而封於齊，他的子孫再從其封姓爲齊氏（註四二）。所以姜、呂、齊諸姓是近支。

越：始自少康的兒子。是夏禹的後裔。少康中興以後，分封一子（庶子）到今天的浙江杭縣一帶，號曰於越，乃有越國（註四三）。子孫以「越」爲姓（註四四）。

陳：始於嬀滿。嬀滿是舜的後人。周武王封嬀滿於陳，號曰陳胡公（註四五）。其十世孫嬀完奔齊，以國爲姓，稱陳完。陳完在齊食邑於「田」，所以他也姓田（一說陳、田二字音近）稱田完。史記田仲敬完世家，實際寫的就是陳完、嬀完（註四六）。因此姚（舜姓，見前文）、嬀、陳、田諸姓是近支。

鄭：始於鄭桓公友。周宣王封庶弟友於鄭（桓公）。後來鄭爲韓所滅，其子孫遷移陳、宋間，以國爲氏（姓）。（見史記鄭世家及元和姓纂九勁）

邢：周公第四子受封於邢，子孫以國爲氏（姓）。（元和姓纂五青）

以上所舉的吳、魯、燕、晉、韓、魏等國，都是周的同姓國；宋、楚、秦、趙、齊、越、陳等國，都是周的異姓國。不論是周的同姓或異姓，卻全都是炎、黃的裔孫。而且自從各自受封遷徙以後他們的子孫，都形成了很多不同的姓氏。

再如：管（管叔鮮）、蔡（蔡叔度）、曹（曹叔振鐸）、霍（霍叔處）、廖（伯廖）、雍（雍伯）、滕（滕叔繡）、酆（酆侯）——等。均爲文王之子，或受武王、或受成王之封國。其後世子孫均以管、蔡、曹、霍、廖、雍、滕、酆等封國爲氏（姓）。（分別見史記管蔡世家、元和姓纂、通志二六氏族二以國爲氏等書）

再如謝：始於申伯。申伯姜姓，炎帝後裔。是周宣王王后的兄弟，以國舅的身分，被封於謝城（註四七）。謝城位於南陽。南陽正是周都洛邑的南方，所以詩大雅崧高說：「亹亹申伯，王纘之事，于邑于謝，南國是式。——」子孫乃以「謝」爲姓。筆者姓謝。筆者與謝副總統當然都是申伯的後裔。申伯的祖先是炎帝，炎帝與黃帝又本爲一家的兄弟，當然我們謝家與上述所有的各姓，也都是一家人了。

五、結 語

從以上一縱（帝王世家）、一橫（諸侯與世家大族的分封與遷移）的民族繁衍與姓氏擴展的事例中，可以概略的看出，中華民族這麼多的子孫，這麼多的姓氏，都是打從一條「根」上生的。

不過最後必須說明兩點：一是我華夏疆域太大（過去輒稱「中國」爲「天下」）。

所謂統一「中國」者就是得「天下」。），因此在炎、黃的同時，應該已有若干姓氏在。二是我國歷史文化悠久，在炎、黃以後的漫長歲月中，朝代幾經更替，當然少不了四方各宗族的融合。對於前者，如果從炎、黃時代再上推兩千多年，而仍能有史可考的話，相信與姬、姜同時的少數姓氏，必然會歸於「一」的。對於後者，自炎黃迄今已歷五千餘年，經過這五千多年血統交流，四海之內都早已是一家的兄弟了。

所以說：「不管你姓什麼，只要是中華兒女，都必然是一家人的。」

附言

本文只是一篇舉例說明中華民族姓氏源流的短文而已，而不是一部姓氏辭典。筆者寫此文最大心願，是爲建構一個中華民族炎、黃子孫「大家譜」的骨架輪廓。讓學生以及國人瞭解，姓不同若干年前也是一家人的根本所在。當然很多姓氏未能述及。不過凡是本文未能述及的各家姓氏，可以自己審閱自己家譜，源自何代？何人？據筆者瞭解，多能與此大骨架相關聯。此一問題在本書零四年五月出版後，筆者於休士頓多次受僑界社團之邀，以「我們的根」專題演講時的熱烈討論中，得到正面回應。

如零四年七月二十四日筆者應休士頓華僑文教中心「文化座談會」主持人臧武雲老師之邀，於該中心主講「我們的根」。談到這僅是「大家譜」的骨架輪廓時，主持人說：「敝姓臧，山東人。我們臧姓源自魯伯禽。伯禽既是周公之子，黃帝之後，那我們大家當然都是一家人，都是同「根」所生了。」。於是乃引起現場尋「根」的熱烈討論。（請參閱文末新聞報導）之後在筆者應太空城（space city）華人科學家社團之邀，以「我們的根」專題演講（請參閱文末該社團所贈之感謝紀念牌）或與友人私下研討尋「根」問題時，均有豐碩收穫。因資料太多，僅選數姓爲例簡單開列於下，以供讀者看看各姓與此「大家譜」的關聯所在：

楊：楊氏系出周文王的姬姓。爲晉唐叔之支裔，食邑於楊，因以爲氏（見蔡邕蔡中郎文集三司空楊秉碑）。

張：本自軒轅第五子揮，始造弦實張網羅，世掌其職，後因氏焉（廣韻）！

于：即邘氏。周武王第二子邘叔之後，以國爲氏。後去邑但爲于。亦有不去邑者。（元和姓纂二虞）

蔣：周公的後裔。左傳（註四八）「凡蔣、邢、茅、胙、祭，周公之胤也」

方：一、周方叔之後。見廣韻。二、方雷氏之後（風俗通）。

馬：出自嬴姓。伯益之後趙奢封馬服君，因以爲氏，去服爲馬。（通志二七氏族三以邑爲氏。）

總之，如果你的「姓」本文仍未提到，你手上一時也拿不到家譜，可以順手翻閱姓纂、辭典一類的資料書刊，也大致可以瞭解貴「姓」與此「大家譜」的關聯。

美國太空城華人科學家社團邀請演講
「我們的根」時所贈感謝紀念牌

2004 年 7 月 29 日 星期四 美中晚報 3. 社區新聞

臧武雲文化座談會"我們的根"
謝秀文教授主講中華民族姓氏源流

【本報訊】(記者許陽)七月二十四日下午三點至五點，僑教中心102室舉行七月份文化講座，首先由臧武雲老師介紹：謝秀文教授山東流亡學生出身，14歲時流落臺灣，孤身一人打工掙錢，圓林實驗中學畢業，成功大學本科生，后任陸軍官校文史科教授、主任多年，對文史頗有研究，今天請謝教授講"我們的根"，題目很好，來了這么多的人。我們都是"炎黃的子孫"，"本是同根生"，"相煎何太急"，大家不管哪一邊，都是一個船，一個島上的，不要相煎何太急，要同舟共濟。

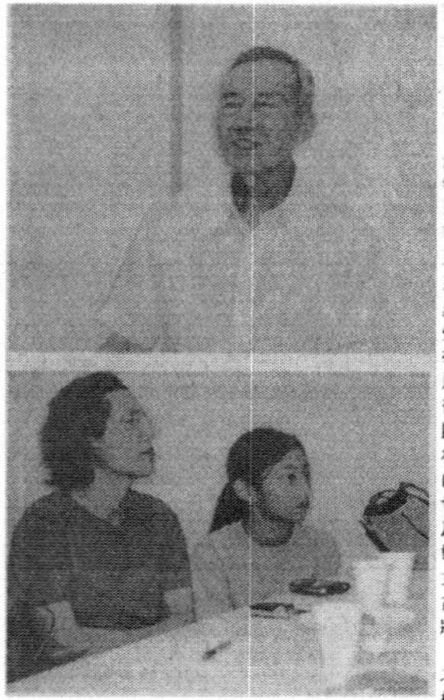

謝教授講：姓是作爲識別氏族的特定的標志符號，原始部落內各氏族有獨立性，相互間又有密切的婚姻聯系，我國姓名的許多古姓，都是女字旁，這是母系氏族社會的痕迹，其作用是爲了便利通婚往來與子孫后代的歸屬，各姓氏族互相通婚，同姓氏族內部禁婚，子女歸母親一方，以母親爲姓。姬、姜、妊、姒、嬀、女吉、女雲、女周、女合、女丕等古姓都是源於這種狀況。

謝教授說他之所以談"我們的根"起因於民國六十七年省文復會完成整理"中華民族姓氏源流"分屬八十個堂號，二六七姓。這份文獻雖然珍貴，但從這份文獻里，我們只能了解到某姓是原自某地，如"謝"姓是陳留堂，該堂包括"伊、阮、虞、謝"四姓。但看不出四姓間的直接關聯。也就是所謂彼此的"血緣關聯"。

於是謝教授就從大家公認的中華民族源頭"炎黃"起，從現存而可信度高的史料中探索、建立一個中華民族"大家譜"的骨架輪廓。

這個骨架自炎黃而下，逐世逐代，一則考其血緣譜系，一則考其姓氏隨炎，黃兒孫擴展的脉絡關聯，分四個層次考述：

一、據國語炎黃是兄弟。炎帝長於姜水而姜姓。黃帝長於姬水而姬姓。

二、黃帝和他的二十五個兒子們據史料所能確知的姓氏，有公孫、姬、酉、祁、己、滕、葴、任、荀、僖、女吉、儇、衣、橋、裔、十五姓之多。三、黃帝至秦的正統帝王，全爲黃帝的裔孫，即少昊(子一、顓頊(孫)、帝(四代孫)、堯(五代孫)、周(文十八代孫)。由他們形成了金、高、高陽、伊、陶、唐、虞、嬀、陳、姒、夏、子、商、湯、文、周等姓。

四、各代諸侯的分封與世家大族的遷移也形成了很多姓氏。如周期時的吳、魯、燕、韓、魏、宋、楚、秦、趙、齊、越、陳、鄭、邢、管、蔡、曹、霍、廖、雍等國。據謝教授的考證全是炎黃直系后裔。也因而形成了吳、仲孫、孟、季、燕、晉、韓、畢、魏、宋、樂、孔、熊、楚、屈、秦、嬴、趙、呂、齊、越、田(陳)、鄭、邢、管、蔡、曹、霍、廖、雍等姓氏。

謝教授最后特別強調兩點：

一、這只是炎黃子孫"大家譜"的骨架輪廓而已，很多姓氏未能談到。不過凡未能談到的各家姓氏，可以自己審閱自己家譜原自何代何人？據謝教授說多能與此大骨架相關聯。如謝姓，據謝氏家譜，謝姓始自申伯、申伯原是姜姓，炎帝后裔，他是周宣王后的兄弟以國舅的身份，被封于謝城，子孫乃以謝爲姓。又如"臧"姓。據武雲老師說：原自魯伯禽。也就是周公之子黃帝之后。

二、不可否認，炎黃之前之后，少不了其他各宗族的存在，但經過幾千年的血統融合，中華民族早就是"四海之內皆兄弟"了。據謝教授透露今天所講的主體考證，曾發表於去年八月三日的美南周刊。連同注解，占兩大版面，讀者欲詳加了解可以參閱。

座談會人滿爲患，聽衆反映強烈，與會者有許多白髮長者，也有年齡十一、二歲的女童，但却全神貫注地聽取謝教授說古道今，講"我們的根"，聽衆發言熱烈，問姓氏、追根源，悠悠五千年文明古國，隨著歷史的變遷，衆多姓氏、繁衍滋長，中華民族發展壯大，屹立于世界之林而不倒，關鍵在於悠久優秀的中華文化，以及有容乃大的民族精神，在歷史長河中，中華56個民族的融合，使中華民族的姓氏形成一個不可分割的概念整體，這是幾千年歷史發展的趨勢和結晶。漢族從古以來就顯示出一種雄偉的氣度，與各族相處，主要是在文化上求同，不過分在族類上立异，有容乃大，中華民族的歷史就是56個民族融匯的歷史，姓氏也就不斷的融匯與發展。

作者在美多次受邀主講「我們的根」

註釋

註一：國語、晉語四：「昔少典娶于有蟜氏，生黃帝、炎帝。黃帝 以姬水成，炎帝以姜水成。成而異德，故黃帝爲姬，炎帝爲姜…。」

註二：均見五帝本紀。

註三：見國語晉語四。

註四：史記五帝本紀亦云：「…其二曰昌意，」

註五：《元和、姓纂》：「黃帝葬橋山。子孫中守塚，因爲橋氏，漢有橋玄。」

註六：《名賢氏族言行類稿》：「見姓苑，狀云，本橋氏，黃帝之後。」

註七：史記五帝本紀：「其一玄囂，是爲青陽……」索引「玄囂，帝嚳之祖。案：皇甫謐及宋衷皆云玄囂青陽即少昊也。宋衷又云：『是爲少昊，繼黃帝立者，而史不敘蓋少昊金德王，非五運之次，故敘五帝不數之也。』」

註八：左傳昭元年：「昔金天氏有裔子曰昧，爲玄冥師。」註「金天氏，帝少皞，皞也作昊。」漢書律曆志下：「考德：少昊曰清。清者黃帝之子清陽也。…土生金，故爲金德下號曰金天氏。」

註　九：見元和姓纂五侵。

註一〇：史記五帝本紀。

註一一：魏書「後燕慕容雲之祖和，自云，高陽氏之後，故以高爲氏。」此高氏起源之一說耳。另一起源是，齊姜太公之後，食采於高，因以爲氏（見元和姓纂五豪）。

註一二：見王素存姓錄。

註一三：史記五帝本紀。

註一四：史記五帝本紀。

註一五：史記五帝本紀：「帝堯者，放勳。」索引：「堯，諡也。放勳，名。帝堯之子，姓伊祁氏。……」。

註一六：史記五帝本紀：「帝堯者，放勳。」正義：「徐廣云：『號陶唐。』帝王紀云：『堯都平陽，於詩爲唐國，徐才宗國都城記云：『唐國，帝堯之裔子所封……。』」又通志二八氏族四以枝爲氏：「陶氏，陶唐氏之後，因氏焉。…」

註一七：見通志二六氏族二以國爲氏古帝王氏。

註一八：姓纂：「殷，或號曰商，以國爲氏，魯有商瞿…」

註一九：參閱明陳士元姓觿三陽。

註二〇：風俗通：「周文王子孤以謚爲姓。」

註二一：姓纂：「帝堯生后稷，至太王，邑于周，文王以國爲氏。」

註二二：見史記吳太伯世家。

註二三：見元和姓纂三模。

註二四：通志氏族略：「魯公子慶父之後，慶父曰共仲，亦曰仲孫氏，爲閔公之故諱弒君之罪，更爲孟氏，亦曰孟孫氏。」史記魯世家：「慶父後爲孟氏也。」又衛公孟縶之後，也稱孟氏。見通志二八氏族四以次爲氏。

註二五：《元和姓纂》：「……一云，魯桓公之子季友之後　亦爲季氏。」

註二六：史記燕召公世家。

註二七：姓纂：「史記召公奭，周同姓，封燕，傳國四十二代，至王喜爲秦所滅，子孫以國爲氏。」

註二八：姓纂：「周武王第三子叔虞封唐，唐有晉水、因改爲晉，傳二十代，子孫以國爲姓。魏有晉鄙。」

註二九：史記魏世家。

註三〇：史記魏世家：「畢萬封十一年……從其國名爲魏氏。」

註三一：史記宋微子世家。

註三二：姓纂：「子姓，殷王帝乙長子微子啓，周武王封之於宋…子孫以國爲氏。」

註三三：姓纂：「宋微子之後，戴公生公子衎，字樂父，子孫以王父字爲氏。」

註三四：史記孔子世家：「孔子……其先宋人也，曰孔防叔」索引：「家語：『孔子，宋微子之後。宋襄公生弗父何，以讓弟厲公。弗父何生宋公周，周生世子勝，勝生正考父，考父生孔父嘉，五世親盡，別爲公族，姓孔氏。孔父生子木金父，金父生睪夷，睪夷生防叔，畏華氏之逼而奔魯，故孔氏爲魯人也。』」

註三五：姓纂：「楚鬻熊之後。」姓氏考略：「芯本，鬻熊爲父王師，成王封其曾孫熊繹於楚，子孫以熊爲氏。」

註三六：風俗通：「羋姓，鬻熊封楚，以國爲姓，左傳：魯有楚尹、楚丘」。鬻熊，熊繹四世祖。

註三七：通志氏族略：「系出羋姓，楚舊號荆，此未改國號前受氏也。……」

註三八：楚辭注：「處武子瑕，食采於屈，因氏焉。屈原其後也。」此屈姓起源之一。

註三九：均見史記秦本紀。

註四〇：史記趙世家：「……繆王使造父御……乃賜造父以趙城由此爲趙氏。」

註四一：見史記齊世家。

註四二：姓纂：「炎帝姜姓之後，太公望姜子牙，受封營丘爲齊國，氏焉。」

註四三：史記越王句踐世家：「越王句踐，其先禹之苗裔，而夏后帝少康之庶子也。封於會稽……是爲越王。」賀循會稽記：「少康，其少子號曰於越，越國之稱始此。」

註四四：國語賈逵注：「……少康之庶，封於會稽自號於越，後以國爲氏。」

註四五：見史記陳杞世家。

註四六：均見史記田敬仲完世家。

註四七：姓纂：「姜姓，炎帝之胤。申伯以周宣王舅受封於謝，今汝南謝城是也，後失爵，以國為氏焉。」

註四八：見左傳僖二四年。

本文見高雄《博愛》一卷四期（民國六十七年七月）暨《美南週刊》三五三期（民國九十二年八月）。今增修之。

棄智——老子的儆世哲理

神秘莫測的老子

老子是誰？司馬遷《史記，老子列傳》「蓋老子百有六十餘歲，或言兩百餘歲……或曰儋即老子。或曰非也……」。老子的五千言，單是嚴靈峰先生《老子知見書目》所收就有中外專著一千一百七十餘種，論說八百七十餘篇。可是仍有人說：「一句道可道，非常道。似乎人人都懂，人人都不懂。」更有趣的是，在神州出版社出版的《神州》七集電視系列片、第四集《道光》中，引德國哲學家黑格爾的論證說：「老子的道，就是上帝。老子所說的視之不見、聽之不聞、摶之不得的夷、希、微，就是耶微、耶和華的相似音。在非州、希臘、希伯來和中國都是指上帝。」此解雖令人驚愕，但也提示了筆者，老子某些難以理解的哲理，可能與西方古文化有某種程度的淵源。

老子與上帝都不願人有智慧

我們看，老子主張「絕聖棄智」「少私寡欲」（均見十九章）。老子教人「少私寡欲」可以理解。但教人「絕望棄智」，似與先哲教人要做智者，教人期聖期賢的理念相背道。然而查看基督教《聖經》，也有上帝造人，並不希望人有智慧的說法。據《聖經、創世紀》載：上帝造亞當、夏娃。告誡他們不可吃伊甸園中間一棵樹上的果子，而夏娃受不注蛇的引誘。「於是女人見那棵樹上的果子好作食物……能使人有智慧，就摘下果子來吃了，又給她丈夫吃。」（〈創世記〉第三章六節）。吃了果子的亞當、夏娃，從此就有了穿衣蔽體、美醜、善惡……等等的私與欲，也有了智慧。總之，這種不希望人有智慧，教人少私寡欲的基本理念，老子與上帝大致相同。

人總有私與慾

「智慧」這個玩意。不管你怎麼看，對人類都應該是既需要又重要的東西。衣、食、住、行，社會進步，科技發展，戰爭得勝，那一樣少了它都不成。但老子和上帝爲何都不希望人類擁有它呢？是不是與人類的「私」「欲」有所關聯呢？不然老子叫人「棄智」的同時，就不會又教人「少私寡欲」了。其實私與欲也不是絕對不好的東西。社會的進步及個人成功的原動力，不就是私和欲嗎？但私與欲在人類智慧的帶領下，總是永無止息。總是因福而得禍。

我們檢視歷史，當年武王伐紂成功之後，天下原本太平。但到了春秋戰國時代，周室衰微，諸侯都想完成大志（升高的私欲），一統天下。於是用盡了人類所能有的智慧、相互殺伐了近五百年。秦王兵強馬壯，滿手血腥滅六國，一天下，坐上了天下帝王的寶座。但他並不滿足，妄想永遠君臨天下。派徐福求長生不老藥。徐福一去不回。長生不成，進而想讓他的子子孫孫萬代爲帝於天下。於是收六國兵器鑄十二金人於咸陽，修驛道，築長城，以固帝國。自以爲從此可以高枕而無憂。自稱始皇帝。將來帝位傳之子孫，二世、三世……無窮無盡。子孫萬代享帝王之福。奈何二世上台沒多久，帝國即告敗亡，三世只當了幾天小王，就被項羽殺掉。兒孫福未得著，反遭大禍。始皇的盲點在於只知道自己有「大志」。而未曾想到在他的「大志」之下，多少敵我雙方將士身首異處，多少天下蒼生飽受痛苦。他更未曾想到（也許想到，因自己國勢強而並不在意）別人也會有「大志」。不是嗎？就在他威武出巡時，青年劉邦看到了說：「大丈夫當如是也。」當然，「有大丈夫當如是也」想法的人，天下不只劉邦一個。於是奏亡之後，又有五年的楚漢相爭。生靈塗炭，勝王敗寇，是必然的歷程與結局。項王自刎烏江。劉漢一統天下。始皇是人，劉邦也是人。劉邦的私與欲不次於始皇。為鞏固自己以及子子孫孫的帝位，殺戮功臣，分封庶子赴各地為王，以保帝國，是不可少的做法。奈劉漢雖然在前有文景之治、後有光武中興的情勢下，維持了幾百年，但終因子孫賢者少，私欲有餘、而能力不足者眾。再加上「大丈夫當如是也」之徒起而相爭，大漢還是走上周秦敗亡的老路，天下易主。中國歷史大致就在這興、衰、敗、亡，一朝一代的周期性循環著。其實，這種興、衰、敗、亡的周期性，在家族中也大致相同。我國有句老話：「窮、窮不了三代；富，富不了三代。」兒孫坐享其成，必然走上老子所謂的「金玉滿堂，莫之能守」（九章）的敗亡之途。總之，不論是朝代興、衰、敗、亡的大周期，還是家族貧、富、沒落的小周期。一般人常用「天理報應」來解釋，但實質上應該是人類的智慧與永無止息的「私」「欲」相結合的必然結果。

智慧發展的代價

回頭再看看今天。人類為滿足自身無止境的需求與幸福，運用人的智慧，對大自然作無止境的研究？開發、運用、破壞。科技進步了。人的幸福增加了。但全球污染也逐漸嚴重了。溫室效應加重，氣溫也增高了。臭氧層破洞擴大，太陽輻射也對人類生命構成威脅了。因此，生在今日的人類，享受到了有史以來空前的福分，但也一步步鑽進自我毀滅的劫難中。而且是回不了頭的劫難。因爲車、船、飛機、工廠以及家電等等一切污染源，不可能立刻叫停，如果立刻叫停，地球上的幾拾億人口，將如何存活？

總而言之，人類發展到了今日這種地步，不論是回顧歷史，還是面對現在，似乎完全應驗了老子「福兮，禍之所伏。」（五十八章）的警語。也完全說明了人類是真的不能有智慧，也許是人的智慧，永遠不能像上帝（或是國人所稱的老天爺）一樣無「私」無「欲」的大智慧。雖然老子在他的五千言中不下十餘次告戒人要「少私寡欲」、「功成而弗居」、「功成身退」、「知止」、「知足」……。但人總是不知驚惕。人的智慧，總是與無止息的「私」「欲」相糾纏。造成「福」「禍」永遠是「智慧」分不開的雙生子。也許就因爲如此，老子與上帝都不願人因福而遭禍，不得已叫人「棄智」叫人永遠不要有「智慧」。只過平淡日子就好。是不是這樣呢？

見民國九十一年五月十六日台北中央日報副刊心靈有約版

論司馬遷的憤怒

觀看《神州》七集電視系列片，至第三集「大沉淪」。片中敘述，當年司馬遷正忙著寫他的巨著《史記》的時候，爲了替攻打匈奴失利不得已而投降匈奴的李陵說話，激怒了當時的漢武帝，下令要處死他。可是司馬遷爲了要保全性命完成他的不朽著作《史記》，於是接受了人間最屈辱的宮刑，割去生殖器。之後他忍著內心的痛苦，寫啊寫，可是當他寫到漢武帝時，他寫不下去了，也許他是害怕啦？也許他是陷入了困惑？影片看到這兒，筆者心裏不免有話要說，那就是司馬遷「害怕了」是必然的，因爲中國皇上的權勢是無可抗拒的，中國人那一個不怕皇上呢？就算你自己不怕死，總還怕滅族而危及家人吧。司馬遷當然不能不怕。但是如果說司馬遷「寫不下去啦」，不敢寫啦，這話尙有商榷的餘地，事實上司馬遷只是不敢明寫而已。這是怎麼說呢？

我們翻開《史記》看看，《史記》中有《循吏列傳》，《儒林列傳》，更有爲特別成就的名人個別寫傳，這些顯然意在表揚他們的事功與善行。但《史記》也有《酷吏列傳》，我們不禁要問，酷吏有何值得表揚的？也許太史公的意思是以此等酷吏爲戒吧！

但細讀起來，似乎又並非全然如此，因爲太史公在敘述某人如何如何殘暴時，總是有意無意的加上一句「天子以爲能」或「上以爲能遷某官」，看來好像另有弦外之音在。所謂「天子」「上」不就是當朝的皇帝老子嗎？這是不是暗指一個一個酷吏背後更有一個世上最大的酷吏在呢？那個大酷吏不就是漢家天子嗎？當然筆者不敢如此武斷，現在就從《酷吏列傳》中摘兩段大家一同看看：

(一)王溫舒者，陽陵人也。……其好殺伐行威不愛人如此，天子聞之，以爲能。遷爲中尉。

(二)尹齊者，東郡茌平人。以刀筆稍遷至御史，事張湯……所斬伐不避貴戚，遷爲關內都尉，聲甚於寧成。上以爲能，遷爲中尉，吏民益凋敝。（筆者案：遷乃升遷。中尉爲次於太尉的大官。張湯，寧成均爲史遷《酷吏列傳》中的酷吏。）

以上兩例，均見《史記、酷吏列傳》第六十二。而且這兩個「上以爲能」的人，都在漢武帝時代，當然，這兒的「天子」，這兒的「上」也就非漢武帝莫屬了。我們再細加推敲，從史遷把這兩條寫得如此確切而露骨看，可以想見太史公寫到此處時，他內心的痛苦，內心的憤怒，幾乎達到壓抑不住的程度，好像把「怕」字都擺到九霄雲外去了。

我們想萬一那時也興什麼「文字獄」的話，那他不但是老二沒了，恐怕連腦袋也難保。說不定還要禍連九族。

再者，太史公寫《酷吏列傳》，一開始就引孔、老的話說：「孔子曰：導之以政，齊之以刑，民免而無恥，……老氏稱……法令滋章，盜賊多有……」接著敘述一個個酷吏的酷跡殘行，再時時以「上以爲能」而劃龍點睛，透顯出太史公是有計畫的對漢家治國多用峻法嚴刑而少德的做法，表示他的見解，照實記述出來。當然此舉從一般人的眼中看，難免不把這種做法視爲太史公個人強烈憤怒的發洩了。再從所寫酷吏達十人之多，人選雖多在武帝但並不限武帝一個時代看，史遷的憤怒似有擴展的趨勢。談到這兒，我們再看一段《史記》《高祖本紀》：

> 高祖……父曰太公，母曰劉媼。其先，劉媼息大澤之陂，夢與神遇——是時雷電晦冥——太公往視，則見蛟龍於其上，已而有身，遂產高祖。高祖為人隆準而龍顏……

史遷的這段記事，實在令人讀之拍案叫絕。如果從恭維漢家君王確確是「真龍天子」的角度看，那漢家應該頒給司馬遷一個大大的金牌獎。因爲中國人一向自視爲龍的傳人，歷代帝王都自傲爲「龍子」「龍孫」。後宮后、妃有了身孕，臣子們都會異口同聲的讚美懷了「龍種」。現在司馬遷說高祖母親當初曾息大澤之陂，不但夢與神遇，而且蛟龍「臨幸」她的時候，還讓她丈夫也就是漢劉邦的爸爸，及時親眼看到，之後有孕，就生了個鼻子高高大大，一臉龍像的劉邦。這可是真真正正的「龍種」無疑。如此看來，司馬遷對漢家能不是大功一件嗎？但從另一個角度看，古人凡寫到神人感遇時，總是含蓄而富神祕感。如司馬遷寫「一笑傾國」的褒姒時，只提到，褒姒母親碰到了一點惡龍留下的口水，就懷孕而生下了她。就連司馬遷在他的《史記》裏，寫其他朝代先人時，也都是類似的寫法，如他在《周本紀》中寫周之先人弃：

其母姜原……姜原出野，見巨人跡，心忻然說。欲踐之，踐之而身動，如孕者。居期而生子……初欲弃之，因名曰弃。

又如在《殷本紀》中寫殷祖契：

殷契母簡狄……三人行浴，見玄鳥墮其卵。簡狄取吞之，因孕生契。

想想看，姜原僅僅踏了一下巨人的腳印，就懷孕而生弃。簡狄只是吞了玄鳥蛋就孕而生契。寫的是多麼含蓄而神祕，使人感覺殷周的先人都是不平凡的。不易令人有負面的聯想。如果太史公也用寫殷、周先人的平常心寫漢祖的話，似乎寫到「夢與神遇」即可打住，何必再有「太公往視，則見蛟龍於其上」「高祖隆準而龍顏」如此真切、誇張的描述？難道史遷所用的史料，真的是如此詳細的記述嗎？就算史料真是如此記載：司馬遷以史家的筆法，大可有所取捨，多此「太公往視，則見蛟龍於其上」是何特別思維？太公如果真的看到蛟龍正在他太太身上「臨幸」，那他應該跪下磕頭呢，還是上去打？記得筆者當年讀高中時有一位歷史老師，對此問題，曾開玩笑的說：「漢家皇帝老子叫他斷子絕孫，他當然也可以罵漢家天子，統統都不是人養的。」當然這是玩笑話，聰明的讀者你以爲那？這是不是太史公對武帝憤怒的擴大延伸呢？

現在讓我們再看一段《呂后本紀》：

……太后遂斷戚夫人手，足……使居廁中，命曰「人彘」……孝惠見問，迺知其戚夫人，迺大哭。

……使人請太后曰：「此非人所為，臣為太后子，終不能治天下」。

孝惠是呂后的親生兒子。呂后對戚夫人殘酷過分，孝惠見到悲痛之極，大罵他母親「此非人所爲」。這種罵法，史遷是有意借呂后親生兒子的口，罵呂后不是人，比他自己親口罵還要入骨而快意呢？還是他只是無意間將事實一五一十的詳細寫出而已呢？這只有問太史公了。

如果我們再細讀《史記》《項羽本紀》《高祖本紀》我們更會發現到，高祖雖然是勝者的「王侯」，但高祖本紀從頭到尾漢劉邦給人的感覺，完全一副「無賴」像。而項羽雖是敗者自刎烏江，但字裡行間，給人的感覺卻是令人歎惋的悲劇英雄。而且太史公將項王列入本紀，以凸顯項王是排序在「漢」之前的正統帝王。漢家的「漢」是項羽封的。這又是有意，還是無意呢？

總之，太史公是學者，但他也是有血有肉的「人」。當一個人的人格尊嚴受到不可抗拒的無情踐踏之際，其內心的憤怒是可以想見的。然而司馬遷終歸是大史學家，他寫漢家的美行良治（如文景之治等等）也都是入木三分的。至於本文所舉（或類此而未及列舉）的事例，我們就把它視為「春秋」誅伐之筆吧！完全無損於我們對太史公的敬意！

本文發表於博愛雜誌第二十五卷第三期（民國九十一年五月高雄）

無賴帝王與悲劇英雄

拙作「論司馬遷的憤怒」，不久前發表於〈博愛〉二十五期，文末有「……如果我們細讀〈史記〉，我們更會發現劉邦雖是勝者的王侯，但他給人的感覺，從頭至尾，完全一副「無賴」像。而項羽雖是敗者，自刎烏江，但字裡行間，給人的印象，卻是令人歎惋的悲劇英雄。」之後，有朋友問道，「劉邦如何無賴」？項羽又是如何的「悲劇英雄」？

壹、無賴帝王

其實，劉邦的「無賴」不是筆者閉門造車。而是他老父劉太公當年說的。我們看〈史記〉，漢九年，未央宮成。高祖大朝諸侯群臣。置酒未央宮前殿。高祖手持玉杯，站起來向他父親太上皇敬酒說：

「始大人常以臣無賴，不能治產業，不如仲力。今某之業所就孰與仲多？」殿上群臣皆呼萬歲，大笑為樂。」（見〈高祖本紀〉）

據〈集解〉：「無賴」有兩層意思。一是不事生產，即不務正業。二是江淮間小兒多詐，狡猾爲無賴。

細加推敲，劉邦此處自己的口氣，似偏於前者。是說他父親當年罵他「無賴」是責備他不事生產，家業不如他哥哥仲力多。這是有意撇去「多詐、狡猾」的一面，爲自己臉上貼金的作法。因爲我們從〈史記〉各篇其他有關劉邦的「無賴」事例看，他老父口中的「無賴」，不僅應包含以上兩層意思，似乎比這兩層內含還要寬廣多多。以下我們就舉幾條突出的事例看看，是不是「無賴」？

「詐」送萬錢坐上座

當年劉邦爲沛亭長時。某日，沛令有重要客人到。沛中豪吏皆往賀。蕭何爲沛令主吏，主持宴會場面，向來賀的貴客們宣佈：送禮不滿千錢的，坐堂下。劉邦一聽，拿出投帖，詐寫「賀錢萬」，送進去。然後無視於諸貴客的存在，霸王硬上弓，坐上座。請看司馬遷原文的精彩處：

蕭何為主吏，主進，令諸大夫曰：「進不滿千錢，坐之堂下。」高祖為亭長，素

易諸吏，乃紿為謁曰「賀錢萬」，實不持一錢。謁入……高祖因狎侮諸客，遂坐上座，無所詘。（見〈高祖本紀〉）

我們看，司馬遷的一句「實不持一錢」，點出整個事件的真實面。再加上「高祖因狎侮諸客，遂坐上座，無所詘。」將劉邦既不送一文，又非要詐坐上座的「無賴」心態與舉止，揭露無遺。我們再從另一方面想，劉邦的這一手，可真難爲了現場收禮的先生們。這一文不拿的「萬錢」禮，禮簿上要如何寫法？又如何向主人作交代？看來面對這樣一位「大哥」級人物的「無賴」作爲，也只有乾瞪眼的分。

常將儒冠當尿壺

劉邦自幼混跡江湖，未曾讀過多少詩書。因此他對讀書和讀書人，極其厭惡。如〈酈生陸賈列傳〉：

陸生時時前說稱詩書，高祖罵之曰：「……迺公馬上而得之安事詩書？」

這種罵法倒也無所謂。最多不過如今天的「槍杆子出政權。」「讀書人是臭老九」沒啥用處而已。妙的是此傳的另一段，那是一位劉邦近身騎士的話。那位騎士警告別人，千萬不要向沛公說儒生的事。請看：

……騎士曰：「沛公不好儒，諸客冠儒冠來者，沛公輒解其冠，溲溺其中。與人言，常大罵。未可以儒生說也。」

真是的！罵就罵吧。還要動不動就拿人家讀書人的帽子當尿壺來尿尿。這真是大發明。讀書人的帽子，居然還有這麼個大用途。要是在今天，說不定還可申請個發明專利權，撈他一筆橫材呢？劉邦此一德行，實在無法以筆墨形容。只能說是無賴中的「無賴」吧。您說呢？

武氏心狠不如他

話說一代女皇武則天，當年仍是高宗昭儀的時候，生了個女兒。仁厚的王皇后，善意的來看她們母女。皇后告辭，前腳一出門，武氏爲奪取后位，回房立刻親手將女兒掐死，陷害王皇后得逞，（事見〈資治通鑑卷一百九十九〉）。俗話說：「虎毒不食子」，爲了自己的權欲，親生女兒，居然能下得了手？武氏的狠毒，已令人髮指。可是武氏的心狠，要與前輩漢劉邦比，那還差得遠。讓我們一同看一段〈史記。項羽本紀〉：

……楚騎追漢王。漢王急，推墮孝惠，魯元車下，滕公常下收載之。如是者三。曰：「雖急不可以驅，奈何棄之？」於是遂得脫。

讀史至此，我們不禁要仰天長嘆，人性居然卑下到如此地步。爲了自己脫險，爲了車子跑得更快，爲了減輕車子的負重，竟然親手將兩個半大不小的兒子（後來的孝惠帝），女兒（後來的魯元公主）從飛奔的車上，不管他們的死活，硬是推下車去。而且部下救了上來、被劉邦再而三的推下去。雖然這一對無辜的兒女，有忠勇的部下一再救活，但我們想，如果沒有忠誠賣命的部下，如果走的不是原始泥土路，如果路上遇到些石頭，這兩個孩子，早就魂歸離恨天了。難怪他的手下滕公，不顧劉邦漢王的顏面，當面指責他「奈何棄之」。總之，就憑劉邦於緊要關頭，爲一己之私，而不惜犧牲已長大的親生兒女以自保這一點來看，他的心之狠，手之辣，要比掐死一個出生不久的女兒的武則天大的多多了。至於後來劉邦成功之後，爲保皇位而殺戮功臣，那又算得了什麼？

出神入化使奸詐

說到劉邦使詐，請看兩個妙絕的事例。首先看，漢四年。韓信拿下齊地，想當齊王，又怕劉邦不高興。於是使人請劉邦封他，「假齊王」。劉邦一聽，大怒。罵道：「吾困於此，旦暮望若來佐我……」正罵著，張良、陳平在下面踢他的腳，並附耳說了幾句，不立韓信，於我不利的話。劉邦頓然覺悟，順勢大聲繼續罵，但內容急轉彎。他繼續罵道：「大丈夫定諸侯，即爲真王耳，何以假爲！」於是心不甘，情不願的派張良往齊國封韓信爲齊王。（事見〈淮陰侯列傳〉）此知劉邦遇事反應之快，使詐順勢之巧，不能不令人佩服。

再看一事，仍在漢四年。楚漢相持很久，勝敗未決。天下蒼生，皆因劉邦，項羽而受苦。二人相約在廣武間對話。項羽要與劉邦獨身挑戰。劉邦不但拒絕單挑，而且細數項羽十大罪。項羽大怒。「伏弩射中漢王。漢王傷匈，乃捫足曰『虜中吾指』」（事見〈高祖本紀〉）

我們想，劉邦被伏弩射中了胸部，在傷痛難忍的當口（據下文「……漢王病創臥，張良彊請漢王起行勞軍，以安士卒……」看，射的不輕。）而仍能於霎時之間想到，弓弩射中胸部是大事，會影響軍心。爲安士卒，故意一面用手去摸他的腳，一面叫喊「虜中吾指」（指即腳指）。劉邦真是使詐高手。就此事而言，他不僅要反應快，論其耐力，其智力，其處斷之高明，均非常人所及。

當然，自古「兵不厭詐」，使詐正是古今政客們逐鹿天下的大本錢。然而從另一角度，看以上二例，若非劉邦自小「無賴」多詐狡猾，成性成習，甚至成了精的話，斷難達此出神入化之極致。

除以上特列事例之外，太史公筆下劉邦的德行是：一、「好酒及色」（見〈高祖本紀〉）。二、出口罵人。如酈食其諫復立六國後。劉邦罵他「豎儒，幾敗而公事……」（見〈留侯世家〉）又如四皓當面回劉邦話，也都說：「陛下善罵，臣等義不受辱。……」。三、好慢侮人。如蕭何荐韓信時說：「王素慢無禮，今拜大將，如呼小兒耳……」（見〈淮陰侯列傳〉）甚至如高起、王陵曾當面說他「陛下慢而侮人，項羽仁而愛人……」並與項羽對舉。（見〈高祖本紀〉）等等。散見〈史記〉各篇甚多，不再一一列舉。

總之，司馬遷筆下劉邦的爲人格調已如上述。至於他是否「無賴」，又「無賴」到何種程度。各位自己看吧。

貳、悲劇英雄

司馬遷爲項羽寫本紀，於名、姓、籍貫之後，第一句就點出「初起時，年二十四」。這是〈史記〉所有各本紀、世家、列傳中僅有的筆法。筆者認爲，這是司馬遷特意凸顯他對這位青年英雄的推崇與惋惜。也可以說，項羽一世的功、過、成、敗，似乎都牽動著這句「初起時，年二十四」。爲什麼?我們看〈項羽本紀〉:項羽二十四歲，隨季父項梁起事。不久項梁敗死。項羽主領楚軍，敗秦大軍於鉅鹿。時諸侯軍，將皆從壁上觀。之後，再再大破秦主力大軍於污水上。三年亡秦。項羽主宰天下，立劉邦爲漢王，而自號爲「西楚霸王」之際，年不過二十六、七。難怪司馬遷在此本紀中，不僅稱讚項羽「力能扛鼎，才氣過人。」更於文末推崇他「近古以來，未嘗有也。」尤其不因項羽宰制天下時日短促，而仍將他寫入本紀。認可他是中國歷史上的正統帝王。一位親手打下江山的青年英雄帝王。

但從另一方面看，就因爲他是二十幾歲的青年英雄，年輕氣盛，在失去季父的主導下，做出夜擊阬秦降卒二十餘萬新安城南。入關殺子嬰、燒秦宮阿房，火三月不滅等等，自以為是，而實際再再犯下逐鹿天下的大忌。造成楚漢爭戰，未開始而敗因已成的局面。奈何？

再進一層看。就因為他是二十幾歲的青年英雄，勇武才高，而閱歷不夠。既無識人之明、又無容人、用人之量。如謀臣范增，深謀老慮，忠心耿耿。劉邦略施離間小計，就把項羽搞得暈頭轉向，將范增氣走，病死於回家途中。又如韓信、京布等等才智之士，當年都曾追隨過項羽。但日後一個個都變成了劉邦爭天下的主要助手。奈何？

再進一層看。就因為他太年輕，「仁而愛人」用不對地方。當初鴻門宴上「為人不忍」，懞懞懂懂放走了劉邦。又楚漢爭戰方酣之際，項羽活捉到劉邦老婆與老父。將烹，劉邦說，我和你項羽當初同事懷王，「約為兄弟」，我父就是你父，你一定要烹你父，那麼也分我一杯羹。就這麼幾句油腔滑調，也弄得青年「霸王」不知所措。最後白白放人，一點政治上或戰爭上的利益都沒得到。但劉邦則不然。楚漢爭戰開始，已年逾五十。老奸巨猾，心狠手辣，已如前文所述。當他最後困項羽於垓下，追項羽於烏江，致其死，分其屍（『其最後……楊武各得一體。五人共會其體，皆是。』），決不手軟。又奈何？

當然，項羽就是項羽，英雄就是英雄。當他敗走烏江時，烏江亭長備船以待。項羽本有渡江而東，捲土重來的機會，然而青年項羽自覺「無顏見江東父老」，而選擇自刎。雖敗死而仍不失英雄本色。死年三十一，二而已。真是一位可愛、可敬、可惜、可嘆的青年悲劇英雄。我們想，如果抗秦起事，能晚他二十幾年的話，我國歷史將可能改寫。您說呢？

本文見二〇〇三年七月廿七日美南新聞《美南週刊》三五二一期

古早「站台人」—姜太公

壹、古早何來「站台人」？

「站台人」是時下選舉活動的新興詞兒。如某公競選，大凡他的長官、親朋、故舊，其身份、地位、名望足可代表某階層、某行業、某群體的，或應邀、或自動爲某公站台。以彙聚人脈，增加選票，使競選者，馬到成功。尤其是爲不同群體者站台，因爲具有大團結，大和諧之意義在，效果特別顯著。而姜太公（又名太公望、姜尙、姜子牙、或呂尙）是兩千多年前，佐文、武，滅紂興周，家喻戶曉的歷史上三大輔臣之一的古人，何來「站台人」之說？

其實，姜太公雖是兩千多年前的人物，但他佐文、武，得政權的某些實質表現與果效，極類今天的「站台人」。因爲文、武，借重他的，除了智謀才略之外，尙有爲世人所忽略的「號召力」。這一點，我們從〈史記、齊太公世家〉「武王即位，九年欲修文王業，東伐以觀諸侯集否……」可以發現，文、武，抗暴紂，從始至終都極需天下諸侯的追隨與支持。「諸侯集否」不能用命令，只能靠號召。所以到了武王九年想試試看，有多少諸侯支持。頗似今天的選舉，選不選你，全看選民自己的意願。文、武、甚至文王的父親都是智者，當然明白，要號召天下，除了自身的名望，實力之外，要找個不論是在智謀才略或號召上，都能具有相輔相成的人物。於是文王祖孫三代都看上了姜尙。尤其是文王的父親。我們都知道，姜尙又號太公望。他之所以有此雅號，那是因爲當年西伯出獵，遇姜尙於渭水之陽，見面高興之餘，西伯說的一段話。他說：「自吾先君太公曰『當有聖人適周，周以興』。子真是邪？吾太公望子久矣。」〈《史記，齊太公世家》〉我們從這番話裡，不但可以找到「太公望」是出自「太公望子久矣」。更可以知道，姜尙早已是文王父親眼中的聖人。不但久仰大名，而且頗有要得天下必先得姜尙的急迫感。至於姜尙有何條件令文王父親如此器重他呢？筆者據史實提出以下兩點：

一、姜尙經歷非凡，似歸隱的蘇秦。提到姜太公，國人皆知他是渭水邊的釣魚翁，老年爲文王重用，但很少有人過問他，年輕時做過什麼。〈史記、齊太公世家〉在記文王出獵遇姜尙的一段之後，又有兩小段「或曰」：

或曰，太公博聞，嘗事紂。紂無道去之。游說諸侯，無所遇，而卒西歸周西伯或曰，呂尚處士，隱海濱，周西伯拘羑里、散宜生、閎夭素知而招尚。呂尚亦曰「吾聞西伯賢，又善養老，盍往焉」三人者為西伯求美女奇物，獻之於紂，以贖西伯，西伯得以出……

以上兩段，太史公雖然都冠以「或曰」。表示僅有此一說而不能肯定，但太史公既然將此兩點寫入史冊，相信絕非全屬子虛，我們從以上兩段概略可知，姜尙當年似曾在紂手下做過官，因紂無道拂袖而去，這顯示他做官有原則，識進退。遊說諸侯，雖無所遇，也說明他有憂國憂民的大志。其才、其志，頗似後來的蘇秦，且仰慕西伯已久，也有與西伯合力抗暴紂的意願。總之，姜尙當年的經歷與聲望，應該是文王父親望姜尙已久的基本緣由。

二、姜尙炎帝後裔，是和諧族群的最佳人選。我們展讀〈史記〉可以知道，自黃帝代炎帝而有天下。直到商、周，主天下大政的人，都是黃帝的裔孫〈見《五帝、夏、商、各本紀》〉。也就是說，自黃帝至商紂，大政雖多次轉移，但全在黃帝後人手中。炎帝後裔，始終處於輔政地位〈見前文「我們的根」〉。姜尙是炎帝後裔〈見《史記。索引》〉。因此，紂既無道，姜尙拂袖而去，然而他非當政族裔，在既失官爵，又無封地、無部眾的情況下，遊說諸侯不成，已無能力拯救天下蒼生，只有歸隱渭濱釣魚自遣而已。而文王則不然，文王與紂同爲黃帝的十八代孫〈分見《史記、周本紀、殷本紀》〉，他在有爵位〈西伯〉、有封地、有人脈的條件下，自然有除暴紂以安下的史命感。因此，在一個有當政族裔背景的文、武，集團，與有在野族群背景的姜尙聯手，抗暴力量是驚人的。這當是武王父祖三代欲得姜尙的主要因素。

貳、「站台人」的表演舞台──盟津諸侯之會

寫到這兒，各位不難想到，姜尙與文、武的交會，似非巧合，而該是同心抗暴紂的英雄相惜。文、武，有了姜尙這樣有才德、有聲望、又有在野族裔背景的高人相助，更能薈萃天下群英，號召天下諸侯。姜尙這種類似今日「站台人」的果效，明顯的表現在盟津諸侯之會上。請看！武王九年，爲吸引諸侯趕來支持，東伐大軍出發，姜尙〈師尙父〉左手杖黃鉞，右手把白旄立誓說：「蒼兕，蒼兕，帶著你們的部眾，駕著你們的船舶，來啊！晚來的……」這種場面，這種神情，像極了今天「站台人」的助選大表演。武王大軍到了盟津，「諸侯不期而至者，八百諸侯。」〈事見《史記。齊太公世家》〉。

雖然舉兵滅紂是兩年以後的事，但此時諸侯八百不期而會。顯然是文、武、與姜尚號召力結合的總成果。也是滅紂大戰之前，朝野反紂力量的大會師。至於再兩年的「師渡盟津」，暨又次年二月的「陳師牧野」，武王都有長篇召告天下的誓詞，以揭發紂的無道，號召天下合力抗暴紂。這種大聲的宣誓，與今天競選人高分貝的政見發表，以引人投票支持實無何差異。最後乃有「諸侯兵會者四千乘……」與紂決戰的大勝利〈事見《史記、周本紀》〉。

總之，當年姜太公事文、武，除以智謀才略外，更有以德望及其在野族群背景，團結諸侯，薈萃人脈，號召天下反暴力量大結合，一舉滅紂之實質內函在。確有今天「站台人」的果效。當然，此一史實也給了我們一個重要的啓示，那就是，能和諧族群，促成大團結的得天下。

本文見二〇〇三年八月十七日美國美南週刊三五五期

閒話魯南方音

平日在晚會或電視上，常看到演員先生們，高起興來，就模仿「山東腔」，出出山東人的洋相。有時在旁的朋友問我：「您山東人真的是這副德性？」這時，我只有苦笑的份。

事實上，究竟如何個講法才算山東腔，良心話，連俺這個山東人也弄不準。山東地方那麼大，依大的地區來說，魯北、魯西、魯東（沿海）、中部各地區、以及魯南，在某些事物的稱呼上，某些句子的語調上，某些字的讀音上，在在有所不同。各地的老鄉到了一塊，如果各用各的「標準山東腔」話話家常，彼此不一定完全聽得懂。

有人說咱們山東老鄉嘴笨，舌頭直。當然這種糟蹋咱的話，筆者是十二萬分的反對，您看！不是有很多同鄉，不但國語說得棒，有的簡直可以氣死「老北平」。但是話又說回來，反對歸反對，起碼咱們山東某些地區對某些字的讀法，確有舌頭繞不過彎來的現象。就拿東部沿海一帶的老鄉來說吧，當讀到捲舌音「ㄖ」的時候，硬是把舌頭擺平了唸成「ㄧ」。並且把凡是用「ㄖ」音拼成的字，一概用「ㄧ」代替。例如：把人（ㄖㄣˊ）讀成「ㄧㄣˊ」，熱（ㄖㄜˋ）讀成「ㄧㄜˋ」，肉（ㄖㄡˋ）讀成「ㄧㄡˋ」，乳（ㄖㄨˇ）讀成「ㄧㄨˇ」（註一）。寫到這兒，筆者想起三十八年在澎湖讀初中時的一段往事；那時正值國家艱困時期，同學生活很苦，八、九個人一桌吃飯，其實不該說「一桌」，應該說是八、九個人「一圈」，因爲我們吃飯，從未見過桌子，只是在操場上就地圍成一圈，中間不是半盆漂漂搖搖簡直清可見底的白菜湯，就是蓋不上盆底子的砂礫炒韭菜（澎湖風大，大操場上菜擺好了之後，一要等人數到齊，二要等唱完大鍋飯（註二），三等兩等，等到筷子碰到菜的時候，菜上已是砂土一層，丟掉沒得吃，只好「吃了壓餓」了。），難得換換菜單。因此同學們個個饞得要命。見到伙房來人，總是要問：「今天吃什麼?」一次某老兄答道：「豆腐魚」，大家聽了真是樂不可支，能吃頓豆腐燴魚，能說不是件大喜事?不料吃飯時，那麼大的盆底子上，乖乖的躺著三兩塊豆腐乳，每人只能用筷子抹上一點點兒，放在嘴裏咂咂。真是貓咬尿胞瞎歡喜。

筆者家鄉魯南（註三），像這種舌頭不打彎的現象不但多，而且非常特別，有些字只能單讀，用它拼音就會發生變化。譬如魯南人（魯南與蘇北相接，語音頗近）對於舌尖音「ㄗ、ㄘ、ㄙ」和捲舌音「ㄕ」單讀都讀得很好，像「天資」的「資」，「說話不要帶刺」的「刺」，「再胡說（ㄈㄜ）就撕你的嘴（ㄐㄩㄟ）的「撕」，「老師」的「師」、「屙屎」的「屎」，讀的比國音還要標準，尤其是「屎蚵蜋趴在夜壺裏找挨ㄘ（刺）」，這一聲「ㄘ」讀的真是有聲有色。可是魯南同鄉的口裏，這些音一碰上撮口音「ㄨ」，舌頭就不會繞彎，音也走了樣。情形是這樣：舌尖音「ㄗ、ㄘ、ㄙ」，遇上了「ㄨ」，拼起來尾音立刻會變成撮口音「ㄩ」，同時「ㄗ、ㄘ、ㄙ」也變成了「ㄐ、ㄑ、ㄒ」。捲舌音「ㄕ」拼音時遇上了「ㄨ」會變爲唇齒音「ㄈㄨ」或「ㄈ」。這種現象變化的似乎頗有規律：

國音	魚南音
ㄗㄨ⟶	ㄐㄩ
ㄘㄨ⟶	ㄑㄩ
ㄙㄨ⟶	ㄒㄩ
ㄕㄨ⟶	ㄈㄨ或ㄈ

從上表看來，好像只是四個字的讀音問題，其實這乃是魯南方音與國音不同的四個

基本音。因爲凡是用這四個音去拼成的字，也全是依照這種讀音的變化去發展，現在分別舉例說明如下：

一、ㄗㄨ：如「足」，國音讀「ㄗㄨ」，魯南音讀「ㄐㄩ」。祖「ㄗㄨˇ」魯南音讀「ㄐㄩˇ」。凡在國音用ㄗㄨ拼成的字，在魯南方音中就要換上ㄐㄩ，如「宗」國語讀ㄗㄨㄥ，魯南音讀「ㄐㄩㄥ」。「坐（ㄗㄨㄛˋ）坐（・ㄗㄨㄛ）」，魯南音讀「ㄐㄩㄛˋ・ㄐㄩㄛ」。有時朋友間開玩笑，故意把「請來坐坐」的第二個「坐」字讀重一點，唸成「請來坐（ㄐㄩㄛˋ）坐（ㄐㄩㄝˊ）」，「ㄐㄩㄛˊ」音與「橛」同，就成了「請來坐橛」，家鄉要猴戲時，主人往往在地上楔個橛子叫猴兒坐。這個玩笑只能給魯南或蘇北徐州一帶的人開，外人聽了只有乾瞪眼。

二、ㄘㄨ：如「粗」，國語唸「ㄘㄨ」，魯南音唸「ㄑㄩ」。醋（ㄘㄨˋ）魯南音讀（ㄑㄩˋ），家鄉「買醋」叫「打ㄑㄩˋ（醋）」。凡在國語用ㄘㄨ拼成的字，在魯南方音也要換上ㄑㄩ。如「從（ㄘㄨㄥˊ）讀「ㄑㄩㄥˊ」，大蔥（ㄘㄨㄥ）讀成大ㄑㄩㄥ（蔥）。因而在魯南音中，從（ㄑㄩㄥˊ）、窮（ㄑㄩㄥˊ）不分，蔥（ㄑㄩㄥ）、傾（ㄑㄩㄥ）

無別。

三、ㄙㄨ：如「蘇」、「酥」國語均讀ㄙㄨ，魯南音讀爲ㄒㄩ。如「信耶ㄒㄩ（蘇）」、「這個燒餅焦ㄒㄩ（酥）」。凡是國語用ㄙㄨ拼成的字，魯南音也一概以「ㄒㄩ」音代替。如隨（ㄙㄨㄟˊ）從（ㄘㄨㄥˊ）就讀「ㄒㄩㄟˊ ㄑㄩㄥˊ」，大蒜讀成「大ㄒㄩㄢˋ」。所以朋友們常以「大蔥（ㄑㄩㄥ），大蒜（ㄒㄩㄢˋ）」作爲嘲弄筆者的玩意。

四、ㄕㄨ：如「書」，國讀讀ㄕㄨ，魯南意成ㄈㄨ。叔（ㄕㄨˊ）魯南唸成ㄈㄨˇ。凡國語用ㄕㄨ拼成的字，魯南音全以「ㄈㄨ」或「ㄈ」代替。如「說」（ㄕㄨㄛ）魯南音讀「ㄈㄨㄛ」，「水」（ㄕㄨㄟˇ）讀成「ㄈㄟˇ」，譬如說「喝口水（ㄈㄟˇ）」。在魯南家鄉進城趕集的人要走了，那西家的三大娘開腔啦：「俺說（ㄈㄨㄛ）您大叔（ㄈㄨ），別忘了給俺捎把梳（ㄈㄨ）子梳（ㄈㄨ）梳（ㄈㄨ）頭。」

以上只是略舉字例而已；事實上凡是與這些有關的同音字，大體不出這種讀音上的變化。由此我們可以看出，雖然魯南音與國語在基本的讀音上只有幾個不同，可是經過這種擴展（同音字，不同四聲的同音字，以及再用此基本音拼成的字。）之後，讀音特別的字，就相當可觀了。這也許就是形成魯南方音的最大特色。

至於其他造成魯南方音的因素如名稱和語調上的差異，以及某些特別「音變」的現象（如煎餅說成ㄋㄧㄢ ㄋㄧㄥ）等等，在此均未遑談及。

六十五年秋寫於鳳山校舍

註一：「ㄧ」和「ㄨ」國音本來不可以拼在一起，在此只表示一種讀音而已。也就是音標的〔iu〕。「ㄧㄨ」讀快了就近乎「ㄩ」。不如此不好表示出「日」轉變成「ㄧ」的痕跡。

註二：大鍋飯是一首歌，當時在開飯前同學到齊、由教官下口令同唱，唱畢下令「開動」。

註三：這兒所稱的魯南是指嶧縣、滕縣、郯城、臨沂一帶與蘇北接界的地區而言。這幾縣的口音彼此也少有出入。

本文見台北山東文獻第二卷第三期

一棵小草的獻禮

——敬悼老校長　王篤公（修）

一、永遠無法彌補的誤失

遷離鳳山三村眷舍，已經年餘，日前因事回去，信箱中赫然發現老校長　王篤公的訃告。手顫抖著拆開封套。喪期已過兩天了，我知道我已失去送　篤公人生最後一程的機會，這將是我永遠無法彌補的誤失。面對訃告中髮雖蒼蒼而目仍炯炯的遺照，令我驚惶愧悔之餘，心中不禁浮現出　篤公當年的音容笑貌。更想到　篤公在我生命成長過程中似平淡而實深遠的脈動牽連。

二、篤公風采常新

也許是上天的刻意安排，篤公爲我幼年流亡時代自南京分發起，湖南、廣州、澎湖防校多年的全程校長。記得民國三十七年秋，華北烽火蔓延，我以身高不足一米三，年齡未滿一十四的孩子，被戰火燒離了家園，追隨老大哥們由徐州而南京，奉派國立山東第三聯合中學，校長正是王篤公。校址在湖南霞流市鄉野間的李家大屋。這間大屋是名副其實的大，據說在我們進住之前，曾駐軍一個師。這兒是當地李家的宗祠，附近少有人家，我們到達時已近初冬，草木凋零已盡。看起來特別顯得荒僻悽涼，不過在一次李家宗人假此辦喜事的時候，見識到了此地的大熱鬧。也首次目睹了校長　篤公的風采。記得那天大屋的大門二門邊門裏裏外外，不知那兒來的那麼多人，宴客時，連叫花子都到了好幾桌。我們這些與叫花子差不多的「學生」，吃是沒的分，但看熱鬧是過足了癮。中午在祠堂正廳行大禮，宴賓客，人潮滾滾。正擠著看著，忽然有位老大哥指著貴賓席上一位身著青（黑）色服裝的客人說：「校長！那是我們校長！」自分發到三聯中以來校長是什麼樣子從未注意過。現在一聽是校長，連忙擠了過去，只見那位黑裝的「校長」，鼻梁上架副近視鏡，面色微黑中透著喜事場景的紅光，兩目炯炯，神采奕奕，正與賓客應對著，給人篤實而親切的感覺。

此後不久，我和百餘嶧縣同學分派到二分校。雖然二分校仍是三聯中的分校，但因校址設在越過湘江的三田沖曹家大屋，以當時交通設備情況看距離校本部實在相當遙遠。因此直到次年初夏舉校遷廣州，未再有緣見到　篤公。到了廣州，三聯中二分校住在東山區的一個小學裏，因大局不穩　篤公來去匆忙，雖曾見過幾次，但總是遠遠的，一閃即過。澎湖防校時期　篤公仍然是我們的校長（校長一職由澎防部李司令官兼任，篤公以副校長負實際校務），因我一向體弱多病，數年間未曾惹過大禍，但也未曾有過令師長另眼相看的優良表現。因此　篤公雖常在校區但我總是遠遠的，向校長禮敬。雖然總是遠遠的，但　篤公篤實而親切的風采常在我心。而今面對遺照，當年的　篤公，好像就在面前。

三、雨露恩澤永懷

當年流亡時期的艱、險，今天回想起來，猶有餘悸。其中尤以湖南建校時期爲最。三聯中雖屬國立，經費由政府供給，但當時國家風雲詭譎，大局險惡，幣值一日多變，政府時而南京，而廣州，而重慶，山高水遠，難以爲繼。所謂「建校」實際上學校幾乎是一無所有，不但無校舍、無桌椅、無床鋪，甚至無鍋竈，無糧米。學生大部分的生活問題都是靠校長和老師們向當地士紳民眾借貸乞求而來。篤公生前提及此段經過時曾感慨的說：「求人之難，實非身歷其境者所能體會。」又說：「借糧雖然辛苦，所幸在湘各校五千餘學生未曾有一天斷炊、差堪告慰！」這是　篤公的自責自謙與自豪。實際上一切就是如此，只是幼小的我們，尤其是我，當時無所知而已。就在這「無所知」的懵懵懂懂中生活反而自得其樂。那段日子，每天只知道餓了拎著茶缸子和大夥兒一起搶吃在家鄉未曾吃過的糙米飯、白菜湯，頗覺有滋有味。吃飽了躺在稻草地鋪上睡大覺。睡夠了翻開破襖捉蝨子，咬咬蟣子，長疥的抓疥瘡，成天嘻嘻哈哈。天晴氣爽的日子，跟著老大哥們山間溪畔走走逛逛，欣賞欣賞與齊魯大異其趣的江南風光。當時的我，不但沒有淒風苦雨的悲情，反而頗有今日腰纏美金出國觀光的快感。就連二分校（曹家大屋）時期，我大病月餘，無處求醫，只有天天躺在稻草地鋪上，病重時，幾近不能進食，只靠表哥高文琪、小同鄉趙傳蘊，到大伙房弄些米湯喝，險些棄屍湘江。這樣生死大劫，當時我似乎也沒有驚怕的感覺。所幸時局變化前無藥而自癒，仍能跟著吳波如老師讀「環滁皆山也……」、唱「聯中頌」，背著小包袱到廣州。想想在那大局波濤洶湧的情勢下，我們能安然度過，那是因為上有全體師長用心血、用犧牲，結成的大傘撐著，那掌握傘柄的舵就是校長　王篤公。這把傘，把我們從湖南罩到廣州，再罩到澎湖防校。到了澎湖防校，這把傘更化成了我們頭上一片亮麗的春天，因爲它不僅保護著我們，免於饑寒，免於傷害，更如春風、如暖陽，豐富了、也照亮了我們的人生。在　篤公暨師長們悲憫家鄉子弟的情懷下，我們不僅是在風沙滿天的大操場上，近千人集體唱「大鍋飯」，赤著腳在泥巴球場上玩球，口袋空空的在馬公街上閒逛，碼頭上看大船，下海洗澡抓蟹子，更有機會坐在行李卷上（後來是坐在榻榻米上），聽老師講課。兩人一本書，交換著早上起來晨讀。晚上，在一盞吊著的燈泡下，抱著半公尺見方的小圖板做功課。據王守讓老師談起，當時學校爲了學生第一次月考考試卷用紙，開校務會議想辦法。學校就在這樣困頓下，我們的課業未曾一日中斷。這應該說是教育史上的奇蹟。

如今春風已逝，暖陽已遠。但卻留下綠野如茵，桃李滿園。我就是那綠野中的一棵小草，身承雨露恩澤而懵懂無知的一棵小草。如今只能在晚風中敬悼老校長　王篤公千古。

見台北山東文獻第廿五卷第一期（民國八十八年六月）

安學端先生事略

秀文早年曾立雪先生門下，先生民國七十八年元月過世爲感念師恩，親撰事略。

學端先生，字子正，山東省鉅野縣人。民國二年八月十九日生於鉅野縣觀音集安莊。父良璽公，母郭太夫人，共育二子，一女，先生爲長子。安氏世代耕讀，邑之望族也。

先生幼即嶷然秀出，良璽公寄望甚殷，嚴爲督教，先生亦善體親意，通敏力學，先生於民國十四年，安莊國小畢業，廿三年山東濟寧省立第三職業學校畢業；廿六年上海南市體育專科學校畢業。學業完成後，先生爲報效桑梓，欣然屈就鉅野縣立第四完全小學教席，教學認真，成績卓著，稱譽鄉里。

二年後，爲專心地方公益事務。而辭教職。及七七變作，抗戰軍興，先生激於抗敵保鄉之義，起而組織農民自衛武力，保鄉衛國，出生入死，與日寇鏖戰山野農舍間。民國卅年鉅野敵後縣政府成立，奉令赴臨朐縣山東省黨政學校黨務訓練班受訓。結業後返縣負責縣府糧政工作，敵後調度軍需民食，厥功甚偉。

抗戰末期轉任嘉祥縣政府自衛隊長，與敵僞暨中共相週旋，先生聲譽日隆。抗戰勝利鉅野縣民推先生爲該縣臨時參議會副議長；卅八年隨校至澎湖，濟南各聯合中學併爲澎湖防衛司令部子弟學校遷員林，更名國立員林實驗中學。校長楊展雲先生慕先生素愛家鄉子弟，特邀先生任體育教師兼管理組長，先生亦欣然應諾。是時也，學生近千，男女各半，籍貫以魯省居多，湖南，河南，海南，大陳次之，大江南北，香港，海外，間亦有之。學生來處雖異，但遠別父母，淒然一身之境遇則同。此時全部住校，享有公費，但因國家艱困，諸生物質生活貧乏，先生到校後，時如慈母，撫之，育之；時如嚴父，如禪師棒之，喝之。每日早晚，先生必先諸生起而起；後諸生息而息。黎明先生懼諸生惰，每提棒驅之往校園晨讀；夜深先生念諸生寒，輒悄然爲之蓋被理帳。數年如一日，或曰：「先生勞矣！」先生每曰：「余願如此，余心甚樂，何勞之有？」故凡親炙先生雨化之功者，無不綠葉成蔭，卓然有成；而師生之情，有逾骨肉者。

及民國四十六年，原各聯中學生多已畢業離校，先生乃辭兼管理組長職。專事體育教師，迄民國六十九年退休。

先生秉性忠貞，宅心寬厚，淡薄名利，自奉儉約，體格素健壯，退休後常住屏東果園，安度「採菊東籬」之田園生活。客至，輒親採鮮果享之。老友、舊屬、門生，座客常滿。

先生於民國四十四年與張淑貞女士結褵，張女士系出名門，相夫治家，端莊賢淑，育子女五人，長男夫誦屛東農專肄業，去歲與陳秀優女士完婚。長女夫庸、次女夫民、三女夫易、四女小娟，皆學有專長，樸實勤勞如先生。子女克紹箕裘，闔家安樂祥和，先生正值含飴弄孫之際，不意罹患食道癌，藥石罔效，痛於民國七十八年元月四日下午一時溘然長逝，享壽七十有七歲。嗚呼痛哉！

初先生於民國十五年娶觀音集路海路氏，育二女，翠蘭、慧蘭均陷大陸。

先生畢生獻身教育功在黨國，而今河山未復遽爾歸真，不禁同聲一慟也。嗚呼哀哉？

永恆的追思—和煦如春風・光明如旭日

經國先生逝世週年陸官校七十八年一月九日全校擴大紀念週會專題演講

校長、教育長、主任、各位同仁、各位同學：

諸位！我們都知道，經國先生一生對黨國貢獻卓著，舉世同欽。誠如三中全會推舉經國先生競選連任總統決議文所稱：「秉承　總理遺教，　總裁遺訓，實踐三民主義，增進國利民福，使民主憲政益奮於險阻艱難之中，俾大陸同胞益啓其興復來蘇之望。」經國先生而今成爲萬方景仰的世界名政治領袖。然而，當此世變匪亂，推移演化，光復大陸機運成熟之際，他卻離我們而去了。因此，經國先生逝世後，除了留給我們無限的哀傷與懷念之外，更在我們的雙肩上留下了重責大任，那就是遺囑中所指示我們的—「堅守反共復國決策，推行民主憲政建設，完成以三民主義統一中國的大業。」

諸位！我們身在黃埔，尤應時時以完成經國先生遺囑爲職志。今天諸位是軍校學生，正是充實自己磨鍊自己的時刻，將如何做方能承擔得起，方能完成得了一位偉人的志業，謹在此向諸位貢獻一句話，那就是效法經國先生的精神。什麼是經國先生的精神，謹說明如下：

一、意志堅強、刻苦耐勞的精神

蔣故總統經國先生自己曾說過：「歷史上，很少有人像我這樣苦的。」是的，經國先生不論在物質上、精神上，都吃過人所不堪吃的苦。就拿經國先生留俄的十三年（民國十四年赴俄，廿六年三月回國）來說巴！十三年中，經國先生除了讀中山大學（孫逸仙大學），上俄國最高軍事學院之外，還當過騎兵，做過苦工，更曾被史大林充軍到西伯利亞，在天寒地凍的烏拉爾做礦工，沒有足夠的麵包吃，沒有足夠的衣服穿，如果工做得不夠多，監工的人就會用鞭子抽打。前國防部總政戰部主任王（昇）上將曾在本校中正堂說過：「經國先生曾向我說，他在俄國做礦工，有一天下午收工後，滿手滿臉污垢，要去會女朋友而沒有肥皂洗手，不得已在沒有得到別人允許下而用了一下他人的肥皂。這是他一生中唯一未得別人許可而用了別人的東西，使他終身難忘。」

今天我們復興基地最苦的人也吃不到他所吃的苦。在精神上，這幾十年來，由於國家多難，國際風雲多變，經國先生所受的苦，不是我們可以想像到的。當然，這種刻苦耐勞精神的養成，就是經國先生近年來所以能夠面對繁重的工作，卻絕不會影響他的信心；任何艱苦的環境也不會動搖他的意志的主要力量，這就是我們古聖先賢所謂的「殷憂啓聖」了。諸位！我們有了經國先生這種吃苦耐勞的精神，將來才能有大擔當。

二、心胸坦蕩、愛國愛民的精神

蔣故總統經國先生說過：「我們愛自己的國家要像愛自己的母親一樣。」諸位！這是中華文化、中國倫理道德培育出來自然而偉大的思想，而且是中國偉人所特有的思想。經國先生以院長、總統之尊，常常穿一件夾克走遍復興基地每個鄉村農舍，與農友一起吃個肉粽，與工友一同吃個便當而自得其樂，這是中國聖哲「人飢己飢，人溺己溺」也是大學中所謂「親民，止於至善」的風範。經國先生真真做到了「心心念念爲同胞，一片忠誠報黨國」。愛國愛民，心胸坦蕩。我們能有這種精神才能成就大事業。

三、人格高尚，無私無畏的精神

我們的蔣故總統經國先生在任何時期，絕不爲他私人打算，對任何事情，絕沒有私心。經國先生留俄時，在西伯利亞做過金礦礦工，時常睡在金子上，卻沒有麵包吃，所以經國先生一生對錢看得很淡，而重視民生富足，社會繁榮。先總統　蔣公崩逝時遺給經國先生的財產，只是一件棉袍和一件夾袍。蔣故總統經國先生曾說：「不要認爲世界上那些東西是你的，在另一角度去看世界上任何的東西都是你的。」這是多麼偉大的氣魄，開闊的心胸。諸位同學，我們不但要記住這些話，深體其中的含義，更要培植這種胸襟和氣魄。我們回想民國三十八年，大陸風雲變色之際，先總統　蔣公赴上海，住成都，往雲南每每險象環生，蔣故總統經國先生無不追隨左右。當八二三金門炮戰激烈的時候，經國先生多次親赴最前線慰問官兵，在「炮下如雨」中出入外島，神色自若。當我們退出聯合國時，經國先生正任行政院長，在復興崗一次軍事幹部會議上說：「我蔣經國活一天，我一定要呼吸一天自由的空氣，有一天國家要我犧牲，我的血一定要流在自己的土地上。」我們退出聯合國到今天，國家卻越來越強。這種無私無畏的精神，令我們敬佩。

四、洞燭機先，擇善固執的精神

經國先生遇事每每洞燭機先，非一般政治家可比。譬如當初計畫實施十大建設的時候，不少人說十大建設同時做很危險，因爲太困難了，要投資幾千億，做不好的話，我們的經濟就要崩潰。可是經國先生當時在立法院答覆質詢時說：「我做這件事情，並不是不曉得這件事情的困難，但是今天不做，以後會後悔。」事實已完全兌現了，我們的十大建設，既沒有影響經濟發展，也沒有影響民眾的生活，現在十大建設已成爲國力的泉源。可知蔣故總統經國先生的高瞻遠矚給國人帶來了無窮的福祉。

總之，蔣故總統經國先生是一位有學養，有膽識，有擔當，有抱負的傑出偉大政治家，他信守原則，堅持立場；勤政愛民，崇尚法治；奮勇精進，爲全民愛戴的偉大領袖。正是所謂「和煦如春風，光明如旭日。」

民國七十八年一月十九日發表於黃埔週刊第二〇四五期

人文精神之培養與實踐

民國八十六年三月十一日曉陽商工公民訓練大會專題演講

壹、人文精神釋義

各位！今天的講題是「人文精神之培養與實踐」。當然講這個題目之前，先要瞭解什麼是「人文精神」。所謂「人文」二字連用爲一詞，我國很早就有。如易賁：

觀乎天文以察時變，觀乎人文以化成天下。（疏：「……觀乎人文以化成天下者，言聖人觀察人文，則詩書禮樂之謂，當法此教以化成天下也。」）

據易賁疏所說的「人文」當指禮教文化而言。又後漢書公孫瓚傳論：

舍諸天運，徵乎人文。（注：「人文、猶人事也。」）

據後漢書注所謂的「人文」是指人事。乃是對自然而言。如人文科學、自然科學。又錢穆先生在他的「民族與文化」一文中說：

何謂人文？「物相雜謂之文」，人文即指人群相處種種複雜的形相。

錢先生對「人文」的解釋是根據易繫辭下傳「物相雜謂之文」的解釋。言簡，但內容較之前二解釋更爲寬廣，惟內容不易一一列舉。較爲具體的是唐君毅先生所說的：

> 人文中包括政治經濟，但人文之主要內容是藝術、文學、宗教、道德、科學、哲學。政治經濟只是人文是最外部的一層。最表面的一層。（見唐先生人文精神之重建）

當然，唐先生這段話不是專爲解釋「人文」而說的，但已足可代表他對「人文」的看法。

再者「文」亦可釋之爲德。如說苑修文：「文德之至也。」國語周語：「夫敬文之恭也」注：「文者，德之總名也。」這也是重要的一環。

至於人文精神很難加以界說，唐君毅先生「人文精神之重建」一書數十萬言，亦未下簡單之界定。不過他在該書中曾說：

> 我理想的世界……名之為以德性為中心而人文全幅開展的世界。……我理想世界中之人生……為德慧雙修的人生，福慧雙修的人生，而一切幸福，皆從德慧來。

「以德性爲中心」易懂，但人文如何全幅開展。他在此段未加說明，但他在該書另一段中說：

自有人類以來，人即透過人文去看世界，從科學哲學去看世界的條理與秩序，從文學藝術去看世界之美，從道德看世界之善，從宗教去看世界之無限的神聖莊嚴。

既然唐先生認爲人文精神重建後的理想世界，理想人生如此，那麼我們可據他以上兩段話，勉強說人文精神是以德慧爲中心，透過人文（此指人文的主要內容，而非外層的政治經濟。）去看世界爲主要的內涵。也就是說人文概指藝術、文學、宗教、道德、科學、政治、經濟的人類活動。人文精神乃是一切人文活動心須以德慧爲中心、發揚人性尊嚴的精神。有人直稱人文道德精神，或人文道德，亦頗得其內涵。

貳、爲什麼今天要談「人文精神」的問題？

首先請教諸位一個問題，不知道各位有沒有察覺到，今天的社會，不僅是我們的社會，包括世界各國各地，好像發生了某種問題，譬如機車族見人不順眼舉刀就砍。我們的新竹監獄裏關著幾千個十四至十八歲的青少年犯，掃黑、掃白成果出入意外的輝煌，國外如前些年西皮的流行、縱欲、墮落，多年前有條新聞，紐約的大停電，有的超市被顧客把東西搬光等等。俄國文豪索忍尼辛早就看出這個問題，他在哈佛大學演講時便曾有過如此的悲慨：「生在二十世紀，我們已經喪失了最可珍愛的寶藏—精神層次的生活，在共產國家，它毀於專制的共產黨，在西方國家又被商業利益所窒息，這才是真正的危機。」不錯，就是因爲人類普遍喪失了精神層次的生活。要解決這個，西方學者們早有體認，也提出一些藥方。如顧翊群在「共產主義與儒家思想及中國之將來」中說的：

當代最知名的實存派神學家狄立虛教授，曾經將仁、義與權力三者，為徹底的研究，他的結論謂三者必須相關聯起來。在本體上從屬於最高主宰。他說無仁義而運用權力，則後果不堪設想。他的話中真理二千餘年前已經孔子、孟子反復說過。

他又說：

人文學者粵佛教授在一九四八年著有「理想有後果」一書，就中他曾指出現代人之特徵為「弒父者」parricicle（亦曰叛逆者）意即不顧傳統價值，無孝順之心，而認自身行動為合乎道德者，粵氏鼓吹恢復「虔敬 piety」並引用柏拉圖之語，謂父母所應留給子女者，不是財富，而是虔敬精神。我願指出孝道與主敬乃儒家所主張之人世道德秩序 moral order 的根源。

狄立虛與粵佛兩位所提出救世良方，其實都是中國儒家人文精神的精華所在（仁、義）。只是沒有明白指出來而已。

既然西方學者開的救世良方，總是離不開我國的儒家思想，現在我們不能不概略的談談我國儒家的人文思想（中國文化以儒家思想為主流。）孔子是承繼、堯、舜、禹、湯、文武、周公以後儒家思想之大成的人。儒家的思想大體是，理性的、重人的或人本的，重德的、中道的。首先談理性的、重人的：我們都知道，我國思想界很早便從上帝和神的宗教信仰中解脫出來，請看孔子對鬼神的看法。

子不語怪，力、亂、神（論語述而）

季路問事鬼。子曰：「未能事人，焉能事鬼。」曰：「敢問死。」曰：「未知生，焉知死。」（論語先進）

樊遲問知。子曰：「務民之義，敬鬼神而遠之。可謂知矣。」（論語雍也）

祭如生，祭神如神在（論語八佾）

可知孔子不反對祭拜，不反對宗教，但卻避而不談不可知的鬼神問題，暨無法說得清楚的死後事，孔子真是有智慧，將人心交付於「止至善」，至善則可以成聖、聖德同天，上通天德。而成「天視自我民視」的天人合一境界，天之降命於人視其所修德而定之思想。因此中國人能把自己之道德心性修養來代替了宗教，直從已心可以上通天德，與宇宙爲一體。故在中國文化中，可不必再有像其他宗教之產生，亦可吸收任何宗教，因爲「止至善」的精神，與任何宗教「行善」的精神是相通的。大學「定、靜、安、慮」與宗教靜修虔修亦相通。西方文化從宗教權威中解脫出來是很晚的。再者，儒家重人，在中國文化的價值系統中認爲人是最貴的（孝經：「天地之性人爲貴。」）「人皆可以爲堯舜」（孟子語）的。「塗之人可以爲禹」（荀子語）的，人的尊嚴的觀念，是遍及於一切人的。因此孔子有教無類，孟子有「民爲貴，君爲輕，社稷次之。」均強調人的人格尊嚴是一樣的。雖奴隸亦不例外。陶淵明送一個僕人給他的兒子，卻寫信告訴他：「此亦人子也，當善遇之。」但在亞里斯多德的社會理論中是肯定了奴隸這一階級的。當然，現在西方亦否定奴隸制。其次儒家重德，因而中國的政治理想是「德治」。教育強調人格教育（如周禮：「以鄉三物教萬民而賓興之，一曰六德知仁聖義忠和，二曰六行孝友睦淵任恤，三曰六藝禮樂射御書數。」）如以德與力（武力、權勢）相較，儒家則是崇王道而貶霸道，德與財比，是德本而財末。如「有德此有人，有人此有土，有土此有財，有財此有用。」（大學）又因爲儒家思想是中道的，「允執厥中」的，故致中和，當足以天地位，萬物育。（中庸）儒家對自然的態度是利用厚生，但利用厚生之前先須正德（尙書大禹謨說：「正德利用厚生」）這種修己安人的精神，即孔子之「仁」，孟子之「性善」大學之「明德」中庸之「率性」，凡事求行其心之所安。因此中國文化精神最主要的乃在教人如何做一個人。而西方文化看重如何成物。中國文化更重在踐行人道，而西方文化則更重在追尋物理。因爲中國文化重在做人、重在格心，重在「定、靜、安、慮」，久之而忽於「格物」因此近代的中國科學技術較爲落後，給人的感覺是不進步，有些人根據這一點就想把中國文化的價值全部否定，（如五四時高喊打到孔家店，把線裝書丟入茅廁。）也是今天促成社會問題的原因之一。這是不公平的看法。是不對的。再看西方文化既是重在追尋物理，故自十八世紀以來，「進步」成爲西方現代化的一個中心觀念，但是經過近兩百年來的「進步」西方的危機出現了，那就是「動」而不能「靜」、「進」而不能「止」、富而不能「安」、不能「定」，近二三十年來，「進步」已不再是西方文化的最高價值之一了。因爲物質的進步，與精神上的墮落恰好是成正比的。（老子說：「五色令人目盲，五音令人耳聾，五味令入口爽。馳騁畋獵令人心發狂……」）不幸的是這種西方的問題隨滾滾的財源，一同進入了我們的社會，而且變本加利。因此造成人心的空虛感。人生無著落。所以我們要重拾我們儒家的人文精神，重建國人的道德，人性尊嚴。也就是說我們要重建我們中國儒家的精神層次的生活，所以我們要談人文精神的問題。

參、如何培養人文精神

談到如何培養與實踐人文精神，就是儒家人文精神的重現，也許諸位覺得儒家思想那麼複雜，你講了半天也只是說了個大概，那我們先要如何培養呢？現在我就簡單的列幾點給各位參考，在個人修養上以大學「爲人君，止於仁，爲人臣，止於敬，爲人子，止於孝，爲人父，止於慈，與國人交，止於信。」爲個人人文修養的主要綱目。人要做人得在人群中做，人要做人，必須做一個有德的人，又須一身具數德。父慈子孝，君仁臣敬，並不是有上下階級的不平等，慈、孝、仁、敬、信五德。皆發源於人心，心同則理同，故分則殊而理則一。亦可云德殊而心則一。人處在家庭中，便可教慈教孝，處國家及人群任何一機構中，便可教仁教敬，人與人相交接，便可以教信。其次當以大學「定、靜、安、慮」以及「正心、誠意、修身、齊家、治國、平天下。」爲個人修養的層次與人生目標。且行之以誠。所謂治國平天下乃是使我們的社會成爲理想的社會，使我們的國家成爲一個安和的國家，世界成爲大同世界，也就是中華文化之終極理想，全人生變爲一個孝慈仁敬的人生，全社會變爲一個孝慈仁敬信的社會。天下則是一個孝慈仁敬信的天下，宇宙亦如一孝慈仁敬信之宇宙。「此惟人文中心道德精神之彌綸貫徹，乃始能達到此境界。完成此理。」達到人間即天堂的境界。要促進人文修養之進展，除個人「修」的工夫，更要有教育的外來助力。因此在家庭、學校、與社會三方面提出個人淺見：

1家庭教育：爲人父母者以身作則，教導子女灑掃應對進退。明辨是非，倫理、道德行爲。

2學校教育：貫徹德、智、體、群、美五育並重的教育原則。今天學校爲升學、爲功利，多偏重智（體與美也只是升藝術與體育科系的重視），其實在我國兩千年前已經均衡發展了。看禮記學記：「……一年視離經辨志，三年視敬業樂群，五年視博習親師，七年視論學取友，謂之小成，九年知類通達，強立而不返，謂之大成。」此所謂「樂群」、「親師」、「取友」都是人際教育、倫理和道德教育。

也就是今天五育中的德育與群育。

3社會教育：政府倡導，爲人父母、爲人師、爲人長的均應以身作則。

肆、人文精神的實踐

談到實踐也許諸位覺得很茫然，其實實踐就是去做，前面的培養本身就有實踐的含義在。如果你要問我能不能淺顯的說「仁義道德」如何做，那我們就看韓愈在原道中的說解就是實踐。

博愛之謂仁，行而宜之謂義，由是而之焉之謂道，無待於外之謂德。

如四維、八德、與仁義道德彼此有很多相通處，說起來也很簡單。也許諸位覺得，今天謝教授說得這麼多，我實在不知從何做、如何做起？那我就簡單的告訴各位，有兩個字可以代表，也可以說總指儒家的思想，那就是「忠恕」，你只要以虔誠之心從「忠恕」做起即可。以下面二例說明如何實踐：

1丁龍的故事：丁龍當年遠赴美洲在一位有財勢而脾氣不好的主人手下做事，很多僕人都被主人打罵走掉，丁龍也不例外，丁龍離開主人之後，有一天這位老主人家遭大火，當年離開的僕人無人回去幫忙救火，而丁龍奮不顧身的回去救助老主人，主人深受感動，更得知不但丁龍不識字，而且他的父祖幾代都不識字，而卻能世代相傳「忠」「恕」待人，極見中華文化深不可測。於是他出資在哥倫比亞大學設一個研究中國文化的講座。名字就叫丁龍講座。

2以現場演講為例：看各位都如此安靜的、專心的聽我講，這就是「忠」，是忠於人、忠於事。如果同學們每次聽演講、聽老師上課，都能安靜的專心的聽，你一定會有所得，將來也必然會有所成就。再者，我的演講即將結束，結束時就算我的演講並不十分理想，你仍能說聲謝謝……。這就是「恕」。能如此，你的人際關係一定是和諧而愉快。

伍、結語

各位，我們深信，將來能懂得，而且能實踐我國儒家人文精神兼通現代科學技術的人物，將是中國前途之所在。請看這幅對聯。（預校禮堂聯）

落實全人教育，培養現代公民

發揚人文精神，提升教學品質。

謝謝各位！

課堂外的幾句話

校慶前給同學們的一封信

各位同學鑒：

今天是我校第六十四屆校慶，我與各位忝為師友之誼，謹以滿懷喜悅與激動的心情，恭賀各位校慶快樂，並祝福我校日新又新。

各位！多年來，課堂上，我的話已是夠多了，現在除了同聲慶賀校運昌隆之外，本不該多所贅言，但旌旗飄揚，歌聲雷動之餘，又不禁使我想起幾句課堂以外的話：

同學們！有人說，聚是偶然。佛家則說，會是有緣。其實，「偶然」也罷，「有緣」也好，現在世上幾十億人口，而單單我們能夠相處一堂，這真真是不容易啊！各位是打四面八方有志而來的，而我卻是因緣際會，不是嗎？記得徐志摩曾有詩句說：「我是天空裏的一片雲，偶爾投影在你的波心……」。民國五十八年的夏天，我就像那東遊西蕩的浮雲一片，在一個偶然的機會，飄進了革命學府—黃埔的懷抱。當時我對本校陌生而茫然，因為我既非「黃埔人」，又非戎行出身，只是一個踏出文學校大門不久的書呆子而已。誰又料到這偶然的遇合，竟然使我融入「黃埔」二十年。而今雖有「視茫茫、髮蒼蒼」的倦意，但內心卻有說不出來的快慰，和目睹一批批畢業同學「執干戈、衛社稷」成就非凡的成就感。當然，這不過是幾句閒話而已。

同學們！首先我想要說的是：我非常敬佩各位那異乎一般青年的勇氣和毅力。一般青年一向是擠大專聯考的窄門，當然，更有部份青年受到社會某些不良事物、或某些偏激有心人士的污染而誤入歧途。而各位卻能選擇了讀書報國的捷徑，來到了本校。在校四年多嚴格的教育中，諸位將要確確實實流下不少一般青年不必流的汗；也會嚐到一般青年不可能嚐到的苦；然而各位不但未曾因此而氣餒，反而志益堅，氣更壯。各位可以說是徹底實踐了蔣故總統　經國先生「犧牲享受、享受犧牲」的昭示。各位！在這兒，我想不必再以「天將降大任於斯人也，必先苦其心志，勞其筋骨，餓其體膚……」等等古人的話來勉勵各位，因爲各位早在幾年前，決心進入本校的時刻，就已了然這些話中的深義。而且，不久的將來就要從實際對國家民族的大擔當中，深體其中的哲理。

其次我要說的是，我對「黃埔」以及各位的感激之情。各位萬不要因爲聽了「感激」二字，而覺得驚奇。因爲從各位那兒，我除了得到教學相長的一般收穫之外，更得到了很多很多在普通學校所得不到的東西。諸位可曾知道？從你們早期學長那跑黃埔湖時，右手肩著槍，左手不停的揮灑著額上汗水的動作中；從他們那努力的爬越訓練牆頭的背影中；從他們那全副武裝，在泳池裏載浮載沈的行進中……，使我得到了多少的激勵和啓示！更從各位這一張張，充滿了希望、熱誠和信心的臉上，從各位一個個，放射著沈著、勇毅的神采中，我清楚的看到了國家民族光明的遠景，因而使我內心增添了無限的信心和快慰。

各位可曾注意到？早課前，我每每迎著晨風，踏著朝露，登上老的或新的教育大樓的二樓或三樓陽台，一面瀏覽晨曦中廣闊而整潔的校園，以及園中櫛比而巍峨的樓宇，一面等待欣賞各位整隊向教室大樓進發的場面。早餐後，各位必然是，一隊隊，或手持書本，或肩負用具，抬頭挺胸，手臂齊甩，腳步齊邁，再加上此起彼落的歌聲嘹亮，「一、二、三、四」的呼聲震天，各位！你們那雄糾糾，氣昂昂的行進行列，是綠的波。你們那氣壯山河的呼聲，隨著波濤，一聲聲的向空中飛揚。這正是我中華男兒勇往邁進，如怒濤洶湧，不可遏抑的力量。

諸位！這些由你們的熱與力，交織而成的壯麗畫面，常常使我熱淚盈眶。

再其次我要向各位說的是：每年校慶的這一天，全校一草一木，一樓一舍都會整頓得煥然一新。而各位總是著美麗、灑脫的閱兵服，頂著豔陽，一列列、一排排、方方正正、有角有稜的正步通過閱兵台，向大閱官和貴賓們致敬，贏得司令台台上台下此起彼落的掌聲，那掌聲年年總是有我的一份；我是陪坐在涼棚下的，當然受不到火傘熱烤，兩腿辛勞的苦處，但卻感受到各位那每一個看來簡單的動作，卻全是日積月累汗水結晶的心頭壓力。今年的校慶大典定然如往常一樣，由閱兵分列式開始，當各位的隊伍一字擺開立正稍息之際，但願您能回頭看看黃埔山頭上的黃埔紀念碑，和碑上聳然而立，幾幾乎是高入雲霄的先烈紀念像，那是黃埔先烈英靈的凝聚，是黃埔光榮的表徵。看！他背負斗笠，隻手持槍，正全神注視著我們，不是嗎？他一直是日日夜夜全天候的立於雲霄，守著我們睡眠，看著我們操作，伴著我們上課，也歲歲年年目視著我們慶祝校慶的各項活動。因此各位現在的辛勞和日後的擔當，是黃埔師生和國人共鑒的。你再回頭偏左看看，那是校史館和圖書館。校史館前幾年原本掛著一副對聯，現在早已移到館內去了，那聯是：

「忍令大陸同胞淪於水火，

且看黃埔健兒還我河山」。

還我河山當然是全國同胞共同的責任，但我黃埔健兒一向是犧牲奮鬥為民前鋒的。今天你雖然看不到那聯，但當記著這話。各位！回過頭來再看看右前方，那裏是新建的「志清樓」和改建中的「中正堂」，都是為紀念創建本校的老校長而命名的。「志清樓」是新教育大樓，但願我們今後能有新的教育成效和新的讀書風氣。中正堂前原有先總統蔣公英年御馬銅像一座（將移建於中興崗），當你朝夕瞻仰之際，是否神往當年先期黃埔師生，追隨　蔣公橫戈躍馬，於劍佩鏘鏘，炮聲隆隆裏，百萬軍閥，煙消雲散的往事。你是否注意到銅像，馬首昂起，　蔣公左手持轡，右手握拳，身微前傾，雙目凝視著遠方，流露出急急於躍馬中原，拯救萬民於水火的仁心大志。現在這「大志」就落在我們的肩上。

各位！閱兵典禮就要開始了，妳不妨站正身子，看看那迎風招展的校旗，自有「黃埔」就有它，有了它中國才有亮麗的今天和未來。同學們抹抹汗水，扛起槍，挺起胸膛，迎向未來的艱辛和勝利。

同學們！話是說不完的，就此打住，謹以至誠祝福

各位身體健康快樂！

發表於民國七十七年六月慶祝建校六十四週年校慶特刊。

念哉斯意厚

「志清樓」落成

文史系謝秀文主任

新建教育大樓於五月三日晨落成典禮後，已正式啓用。當此一片歡欣之際，我黃埔師生啓用此樓，當有以下幾點省思：

一、新建大樓氣象宏偉，設備新穎，美侖美奐，可謂環境寬暢而清幽。爲本校有史以來教育建設上之大手筆，亦爲現代國內大專院校中最現代化之教育硬體設施之一。這是國家暨各級長官重視本校，厚愛本校之具體說明。我黃埔師生使用該樓當時時想到報效黨國，以不負各級長官之期望。

二、該樓以先總統 蔣公名諱「志清」命名爲「志清樓」，意義深遠。蔣公手創本校，並任本校首任校長達二十餘年之久；蔣公有生之年對本校關愛有加，且曾率我黃埔師生先後完成多次挽救國運，旋乾轉坤的大事業。我黃埔師生走進此樓，當時時謹記 蔣公之德澤，並秉承 蔣公救國救民之大志，以完成當前時代所付予我們的使命。

三、「志清」爲先總統 蔣公早年讀書時學名，而該大樓爲教育大樓，專爲我「黃埔人」讀書受教之用。因此我全體同學使用此樓，當當勵力學，充實自我，時時不忘效法 蔣公以天下爲己任之抱負，完成 蔣公光復大陸拯救同胞之志業。

總之，有新教育大樓，當有新教育氣象，新讀書風氣。願我師生能秉承我黃埔光榮傳統，發揚黃埔精神，開創國家新機運：

「志清樓」氣象宏偉，必澄清天下；
「黃埔人」奮發圖強，當繼往開來。

本文見民國七十七年五月二十日黃埔週刊第二〇〇九期。

偷得浮生幾日閒

南中橫遊覽瑣記

一、打幾個滾去

三月四日下午一時，揹起太太和女兒們爲我備妥的旅行包，暫時放下工作，離開家人，走向旅遊隊的預定集合場。旅遊隊由袁先生領導，參加的都是同事和同事太太們。

途中，先後會集了幾位有志一同的老友。大家興致勃勃的，邊走邊聊。正走著，人叢中突然冒出句沒頭沒腦的問話：「謝先生，你們家鄉有沒有驢子？」我連忙答稱：「有」，並且進一步解釋道：「小地方山東，不但有，而且非常普遍，很多人家用牠來拉車啦，拉磨啦……」沒等我把話說完，那位先生瞪大了眼睛又問道：「驢子拉完了車，拉完了磨，習慣上，一定要到沙窩（細沙多的地方）裏，打幾個滾，蹬歪、蹬歪蹄子，閣下知不知道這回事？我趕忙點頭道：「知道！知道！」那位先生可能高興過度，一巴掌重重的拍在我的肩頭上大聲吼道：「走！老弟，咱們現在也去打幾個滾去！」惹得大家暴笑不已，我一面搗著笑得發痛的肚子，一面直說：「有道理，有道理。」

說的也是，我們在工作的時候，是要有驢子的精神，專心而認真的工作，該輕鬆的時候，也該拿出驢子打滾的心情，放下一切，盡情的，到青山綠水間，舒活舒活筋骨。

旅行隊一時半乘遊覽車準時出發，經甲仙，入南橫後，車子在峰迴路轉的崎嶇山道中奔騰，我一路貪婪地瀏覽四周的巍峨山脈，山谷裏的雲海，穿梭於參天古木中的鳥雀飛翔。平時午睡非三小時不能過癮的我，今日居然睏意全無，想來一定是又回復到當年第一次跟著大人進城趕集時的心境了。

二、夜訪梅山村

車近梅山，時已傍晚。暮色蒼茫，遙見梅山山莊—今晚的預定住處，在半山懷抱裏，佇候著我們的到來。

梅山山莊是救國團專爲方便南橫遊覽人員住宿而設的。座落在梅山腳下的小岡上。環境清幽、極富野趣。在山莊用畢晚餐，夜幕已垂。大家有意徒步模黑訪約二里外的梅山山地村。

入夜的山野，對久與塵市喧囂爲伍的人，往往會有兩個極爲突出的感覺，一是靜得厲害，二是黑得可怕，何況今天又是個陰霾的日子。出得門來，不幾步，已是伸手不見五指，雖然有幾隻手電在人叢裏繞來繞去，而我們卻仍是目光如豆，行走間，不時傳出腳被踏到，或被石頭碰到的驚叫聲。尤其是當某先生發出「當心路邊的深谷！」的警語後，我們這夥乍入鄉野的「劉姥姥」，捏手捏足，畏首畏尾，簡直越來越有鬼窟探險的態勢。偷眼看看，有夫人伴行的先生們，有福了，看他們相互拉緊手臂，夫進婦隨，黑暗中，一步一趨的親密勁兒，真真像是朱先生出發前所說的，是爲補度二、三十年前蜜月來的。

走著，走著，當「先進」們差點被擎天大柱碰到鼻尖的時候，這才發覺，前有大吊橋當道。大家驚喜之餘，七零八落的上了橋，惹得吊橋連連發出強烈晃動的抗議，害得年高德邵的先生夫人們，忙打退堂鼓。唯有年近耳順的任教授，老當益壯，一馬當先，才俊之士跟進的不少。筆者雖年過不惑已久，但在此旅遊隊伍中，尙稱「青年」，腳下雖軟，嘴上卻不好意思不硬，連說「沒關係」。於是雙手攀鐵索，臨深履薄的，追隨著隊友向前推進。

走在橋上爲了鬆散一下緊張的情緒，偶而也小站片刻。環視四周，全是漆黑一團，有人用手電向橋下照照，除了一條淡黃色的光柱外，更是深不見底，不禁令人更加心驚肉跳，趕忙把目光收回，屏氣調息一番，惟此際，橋身輕蕩，人影晃動，萬籟俱寂，微聞橋下流水潺潺，山間風聲颯颯，使人有飄飄然羽化而登仙的感覺。想到古人「秉燭夜遊」，確實「良有宜也」。

過得橋來，顧視左右，只餘十數人而已，我們這些過橋英雄，不能不為自己的大功告成而沾沾自喜。正自得意的當兒，突然強光一閃，面前冒出位後載女友的摩托騎士。只見他行近吊橋，油門一加，呼嘯而過，其動作之熟練、瀟灑、令人嘆爲觀止。想到我們剛才走在橋上，那種兩腿發抖的緊張狀況，不禁相視啞然失笑。

及達梅山村，因月黑風高，目光短視，既不能一睹梅山村的山野風光，又不能參觀該村的養鹿盛況，僅在村前小店略事休息，即告賦歸。這實在有點像當年王子猷雪夜訪戴安道的模式。據說，晉朝王子猷某夜大雪，忽然想起遠方老友戴安道，於是乘小船冒著大雪行一夜才到，但到了門前卻又默默然而返，不入門見戴，有人問王，王說：「吾本乘興而行，興盡而返，何必見戴！」看來，我們今晚也是乘興而來，興盡而返，何必一窺梅山村的全豹呢？

三、星月爭輝

次日凌晨，四時不到就被許先生「快起來看星！」的耳語聲叫起。我們冒著幾近零度的低溫，隨著同伴，走出山莊。但見大地昏暗如昨夕，惟雲消霧散，月已西沉，而滿天星斗，晶光閃爍，與殘月爭奇鬥艷，使得天空顯現出特異的光彩。

不知道是由於梅山太高呢？還是因爲上帝扯去了大氣污染的面紗？看！今夜的星星多亮！那大的、小的、高的、低的、一顆顆鋪天蓋地的閃著光芒，讓人不敢逼視。有些特大特低的，看來好像就在頭上，似乎不必登上「摘星樓」就伸手可及。這時，我真有一躍而盡摘眾星的衝動，因爲我與它們違別的太久了。不是嗎？多少年來，簡直忘記了星月的存在，平日雖然也不乏披星戴月的機會，但是，說真的，誰又肯舉首一顧呢？就算偶爾興起，向天空看上一眼，所見到的，只不過是幾顆擠眉弄眼的「小星」而已，也就懶得多加理會，那有今夜美目盼兮的動人心魄！

面對如此良夜，如此美景，雖然風冷露濃，寒風襲人，但卻消除不了我內心喜悅的狂熱。因而留連忘返，不覺東方已白。

記得蘇軾曾說：「惟江上之清風，與山間之明月；耳得之而爲聲，目遇之而成色，取之無盡，用之不竭。」願今後能常有機會，來梅山取用這兒的無盡風月。

四、輕「舟」已過萬重山

六時半，車自梅山山莊出發，繞過梅山腳下的大斜坡後，車在大谷之中，左右盤旋，扶搖而直上，約四十分鐘，回顧梅山，直落腳下。梅山村舍及梅山吊橋，看去有如滑落萬丈深谷中的兒童積木，雖是遙不可及，卻猶能歷歷可數。再前行，山勢峻拔，蔽不見日，道路窄險，熱帶植物漸少，時見蒼松勁柏挺立巉巖峭壁間。及達天池，地勢豁然開朗。車外陽光普照，天氣似較梅山更爲好轉。但打開車門，卻有一股像打開冰箱時的冷氣撲面，在陰暗處，更發現積水成冰的現象，這才想到，我們在這不足兩小時的時間內，已爬高了一千多公尺。實際上，我們已經站在兩千多公尺的「天上」，古人所謂「瓊樓玉宇高處不勝寒」，看來的確不是虛構。不過，冷對我們這些曾在冰雪中長大的遊客們來說，不僅不足畏，反而更覺得有親切感，恰如同來的宗兄謝教授所說的「冷得舒服」，於是我們就在「胡馬依北風，越鳥巢南枝」的情懷下，遊覽了天池的風光；參拜了長春祠內爲開南橫而獻出寶貴生命的先烈們。上車後，仍然有人拿著地上檢來的冰塊，久久不忍釋手。

車再前行。山勢更形陡峭險惡，空氣更加陰冷。山石危峻，近在咫尺，老樹杈枒，時時擦車而過，且偶有亂石間的小型瀑布，被凍結成一排排上粗下細的水柱，引得大家直叫「琉璃」（江北對此種冰柱的土稱），這是三十多年沒有見過的玩意兒。更妙的是，車過埡口隧道、停車休息時，路旁適有水管破裂，噴水洒在高大的枯草上，天冷成冰，越積越多越大，於是結成玲瓏剔透，像炸彈開花似的大冰花，大家紛紛走近照相留念，甚至有人掰下一大塊，抱在懷裏留影的。這真是開了眼界，這是我有生以來，所看到最大最美的自然結冰景觀，看來我們車上福大命大的人不少，不然那有這樣千載難逢的好機會。

埡口爲南橫最高點，自埡口東望，群山盡在眼下，白雲瀰漫，形成無際的雲海，海中林立的仙島，是一個個大山的頂峰。車再前行，山勢急轉而直下，由於車聲不像上山時的振耳欲聾，再加上人也累了，恍惚間利稻山莊已到，回望來路，如在天上，令人頗有李白當年「輕舟已過萬重山」的快感。

五、花市如蓮

三月四日過午，車下南橫入花蓮地界。我們先後觀賞了玉里大理石工廠，鯉魚潭等地。車近花蓮市時，已是日薄西山。爲了一覽東部名市，即刻乘車遊覽花蓮港和花蓮市區。雖是走馬觀「花」，卻也略能領會到花市的特有風采。

花市留給我們最突出的印象是整潔；令人賞心悅目的整潔。尤其是花蓮港，港外碧海藍天，白浪滾滾；港內除了設施的新穎外，海濱公園的碑、像、亭、台，多由大理石建成，輝煌而雅致；寬敞的馬路兩旁，大理石地面，代替了一般城市的紅磚。當然，最重要的是，這兒看來如此的井然有序，一塵不染。使人有一睹出水白蓮的快感。曾贏得賈教授等很多隊友們的讚賞。

是夜，住宿花蓮市青年活動中心。

六、鬼斧神工話中橫

五日晨七時，我們的座車自花蓮向中橫進發。過管制站後，立見蒼翠綿亙的大山，迎面矗立，而車子卻不轉向、不躲避，直向萬綠叢中鑽去，眼見「山窮水盡疑無路」的當口，右前方突然出現一條橫切大山的狹窄河谷。車子於是沿河谷斷崖，穿壁蜿蜒而進，此時，我們的車子，上以凹凸的大理石為天；旁以參差的大理石為壁；另一邊，卻是懸崖絕壁。崖下河谷，谷底有數不盡的大理石塊，大的、小的，精光滑溜，令人眼饞，很有下去扛幾塊回去的衝動。河谷對岸，危崖聳立，高不可測。

車過太魯閣，道路尤為驚險，車輛不僅繼續在山洞或「半」山洞（一面靠谷無壁）中鑽進鑽出，且偶爾藉懸空短橋之助，跨越河澗，轉換一下依山傍谷的方位。當我們這大型遊覽車過橋時，活像禿尾巴恐龍，出洞、入洞，搖頭、擺尾，驚險處，不能不令人捏把冷汗。峽谷時寬時狹，窄狹處，兩崖壁立，其間僅能以尺寸計。有的直像上帝揮舞巨斧，自山頂一斧到底，留下一縫通天的斧痕，光明直透雲際。

及車經燕子口、九曲洞等更為知名的地段，我們曾多次下車步行，以便細細欣賞谷深勢險、怪石嶙峋的奇特景觀，或仰視遮天蔽日的峭壁巍巖重重；或俯聽深不見底的澗水潺潺。使人油然而生「振衣千仞崗，濯足萬里流」的豪情，偶然有人高呼一聲，谷中回響，連連不絕。如此際人猿泰山在此，劃然長嘯，想來必然是草木震動，山鳴而谷應的。此帶山勢之險，風光之美，實不能以筆墨形容。如以蘇軾的「江流有聲，斷岸千尺，山高月小，水落石出。」比之，實亦不能狀其險峻於萬一。

及車達天祥，視界豁然開朗，艷陽高照，使人有夢遊仙境，忽然醒轉的失落感。回顧這「鬼斧神工」的「仙境」，卻真真實實是我們榮工英雄們的血汗結晶。

七、青山不老

車過天祥，步步升高。下午二時，車停大禹嶺。遙望奇萊、合歡諸山，茂林蒼鬱，山勢巍峨。由於奇萊山勢最高，峰頂積雪尚盛，而合歡山顛，雪勢已殘，唯雪跡斑駁，隱然可見。於是我們分組驅車前往。

自大禹嶺上合歡山，雖有車道可通，但路面相當原始。出發之前，聽內人說，她二月初隨學校自強活動來此時，正值大雪過後，道路泥濘，普通車輛無法行動，此地專做爬山生意的司機們，將車輪裹以鐵鍊，上山下山，四平八穩，倒也方便，只是行進時，泥「光」四射，虎虎生風，車到之處，路邊徒步旅客，爲了大沾其「光」而高呼小叫之聲，此起彼落，煞是熱鬧。今天情況卻大大的不同，車隊馳過，塵土飛揚。筆者與司先生、許先生夫婦同乘第三車，向前看，滾滾黃土；向後看，灰沙瀰漫。如果沒有擋風玻璃的話，相信我們一個個都會變成土人兒，不過這倒使我重溫童年時，安坐牛車，欣賞千年古道上快馬一溜煙的奇景。遺憾的是，此景不常。當汽車爬越幾道斜坡後，路面變成雪後半乾不濕的泥巴地。車行其上，清清爽爽，似乎比柏油路面還要舒適。路旁草木由青綠而變爲枯黃，惟綠意油然的松柏，偶然點綴其間，放眼望去，呈現一片北國的殘冬景象。展望前車，越行越遠，我們的車子，在後面也就猛趕窮追。此時的我們，真有點像北方初春雪罷，山野間追獵野兔的味道。正所謂「草枯鷹眼疾，雪盡馬蹄輕」的好時光。

不久，前車不見，卻看到高約丈餘的古檜數根，豎立道旁，上有合歡山松雪樓的標示，於是，車子一轉，戛然一聲，停在樓前。說來慚愧，自來寶島，三十年不知雪味，下得車來，喜見樓前陰暗處，尚有積雪盈寸，趕忙上前抓上一把，握在手裏，如同握住了三十年前的時光。此時，手上的冰雪雖冷，卻冷不透盈眶的熱淚。

走上幾層台階，忽見右首背光斜坡處，積雪更厚，且因部分溶化的雪水，又結成冰，造成一片硬硬的，似雪似冰的地段。正欣賞時，猛不防，刷的一聲，衝過一個人來，原來是老當益壯的曾教授，正在興致勃勃的指導他那位寶島夫人「打滑」。

「打滑」就是最原始的溜冰。這玩意兒，筆者頗不陌生。記得年幼時，大雪過後上早學，腳穿虎頭大綿鞋，一路上和同學們，不是打雪仗；就是比賽打滑。走路時邊走邊打，只要看準前面路平冰雪厚，瞄準目標，向前快跑幾步，兩腿一叉，腳步猛停，身子隨著兩隻腳自然滑去。弄得好的，確也飄飄然；弄得不好，少不得撲通一傢伙，來個四腳朝天，引得同學們，前仰後合的笑個沒完沒了。好在那時人小綿衣綿帽厚，摔上幾下子，反而更過癮。今天看到曾教授有如此不凡的身手，不覺技癢，也想試試寶刀，於是拿出當年的看家本領，向前跑了幾步，兩腳猛一停，怔了半天，人卻文風未動，原來腳下的冰地，被人踏滿了泥巴，不滑，心裏想，這也許正是塞翁失馬，不然閃了老腰，回家可沒法交代。

我們正要上樓的時候，聽松雪樓的其他遊客們說，樓的左後方，山崖那面，陽光照射不到，此時冰雪尚多。於是我們繞過斜坡，果見皎然雪色，滿佈山谷。冰雪中並有矮竹叢生，深可及脛，遙遙望去，綠竹青青，白雪皚皚，相映成趣。我們興奮之餘，於是蹈泥水、履薄冰，也顧不得鞋濕襪子透了。紛紛搶鏡頭。再走過一個拐角，忽然發現左邊是一條洞穴式的斷崖，高約數丈，崖下積雪特厚，且崖上雪水下流，凍成一大排鐘乳石似的琉璃（上粗下尖的冰柱），短者盈尺，長者丈餘，有的更像墾丁公園垂榕谷裏的老榕樹根，從上到下，一根到底，而且排列整齊，蔚爲奇觀。隊友們紛紛上前攝影留念的不少，更有些「才俊」夫婦們，各拔下一根，相互比劃，作武打狀，留存珍貴鏡頭的；也有堆雪人、打雪仗的，真是歡樂滿「合歡」。

直玩到日將暮，冷漸濃，方盡興而返。

車下合歡山時，左旋右轉，突然間，白髮皤皤的奇萊山頭，與兩鬢已斑的自己，同時展現在車前的反光鏡中，驚愕之餘，不禁慨然道：

綠水本無憂，因風縐面；
青山原不老，為雪白頭，
我亦青山？奈何，兩鬢霜雪滿！

見民國六十八年五月《博愛》二卷三期及七月二卷四期

南瀛遊蹤

八月十一日，高縣　國父遺教研究會同仁，在總幹事的安排下，先後參觀了××塑膠工廠、台南安順鹽廠、十二佃、烏山頭等地。

一、犁庭掃穴的無名英雄

晨八時許，我們的座車駛進退除役官兵英雄們辦的××塑膠工廠，蒙廠長親自熱烈接待。簡報後，分別參觀陳列室、品管室、暨射出、擠壓、犁庭等工廠。該廠產品項目繁多；民生、軍用應有盡有，廠房、場地寬敞、整潔。工作中的先生、小姐們，一面工作，一面親切的向我們招呼、解說，處處洋溢著活潑愉快的氣氛，我們這些象牙塔裏來的外行人，在將近兩小時參觀活動中，只覺得如劉姥姥進了大觀園，琳璃滿目，無一處不新鮮，無一處不值得讚嘆。

記得在品管室前，引導先生說：「大家注意，不要再走近！」話猶未了，忽聽「砰！」的一聲，一隻裝滿鐵質汽水瓶的塑膠筐子，打高約丈餘的吊桿上摔下，把我們這些「鄉下佬」嚇了一跳，正想聽聽引導先生的解說，冷不防，那邊又是「啪！」的一聲，原來那邊也是同樣的筐子，裝著同樣的鐵汽水瓶，打丈餘的高處，不是直直的摔下，而是像溜滑梯一樣，斜著溜下，溜到快著地處，突然打住，據說這上下直摔的，是實驗塑膠筐子外殼的堅固性；斜著碰的，是測驗筐內一縱一橫間隔汽水瓶的塑膠薄片的韌度。我們紛紛走過去，把那些專爲實驗用的鐵瓶子拿開，果見筐子完好如初。至於品管室的新式設備，更是名目多多，總是使人感到兩隻眼睛太不夠用了。

後來參觀小型塑膠船艇暨各種軍用塑膠品的製作，犁庭工場內，向大陸空投救濟物質，心戰宣傳品用的各種空飄氣球的製造，不但使我們更加強了對反共復國勝利的信心。更讓我們深深的體會到，在這兒工作的先生小姐們，都是光復大陸犁庭掃穴的無名英雄。

二、漠漠水田無白鷺

約十點鐘，座車離開塑膠工廠，直向台南進發。穿越台南市鬧區後，再十餘分鐘，車子戛然一聲，停在溝洫縱橫，田連阡陌的水鄉澤國中，面對一塊塊長方格子的水田，使人不禁想起「漠漠水田飛白鷺，陰陰夏木囀黃鸝」的好景。然而四面看看：水田倒是水田，但卻找不到一隻白鷺，更聽不到濃陰中黃鸝鳥兒的悅耳歌聲，甚至根本看不到一棵樹，一片草，一絲絲兒綠意，連路邊的閒草野花，也都不知遷往誰家去了。請教鄰座的李先生，才知道，原來此地就是安順鹽場的鹽田。鹽田就是這副德性的？這和土地重劃後的稻田差不多麼！只是「不毛」而已。

車子暫停，據領隊先生說，是為了打聽往鹽場辦公處的道路，但此地四顧茫茫，久久不見人影，向誰問呢？正焦急的當兒，幸好有位警員先生，騎腳踏車路過，自願前行帶路，於是我們也就像外國貴賓來訪似的。在警車開道下，走完長長的鹽田大道，再拐彎抹角一番，方才來到這「沙漠」中的「綠洲」——安順鹽廠辦公室所在地的安順鹽村。

「綠洲」的綠意並不濃，也許是長年累月受到周遭鹵氣的剝蝕，房舍也顯得陳舊而古老。後來在簡報中得知，新穎而寬敞的鹽工住宅，正在一批批興建中。該村不大，但卻有國校、幼稚園、派出所、鹽工活動中心、醫務所、籃球場等等新式而周全的設備。從這兒已可清楚的看到政府的愛心，是普被各行各業的。

車子就停在球場上。下車，第一眼看到的，是那位熱心的警員先生，看他面紅耳赤，汗下如雨，這實在是此次旅遊活動中，使我們感到萬分歉意的。

場長、副場長先生聯袂迎候、簡報，場面至爲感人，並親自引導大家到鹽田實地參觀說明，使我們不但增加了不少鹽的知識，更瞭解到鹽民的生活、工作，及國家對鹽民的工作保障和照顧，三民主義在復興基地實施的具體成果。也更認識到，不但，「一粥一飯當思來處不易」，就是一粒鹽，也是鹽民們血汗的結晶。

中午，我們這大隊人馬，還接受了場長專程自台南預購的豐盛餐點，鹽場之行，真是耳、目、口、鼻，無一不是滿載而歸的。

三、古木陰中朝武聖

我們原本的計劃，是鹽場參觀畢，座車直放烏山頭的。但中途有人建議，台南十二佃武聖廟值得一往，而且近在眼前。於是車子掉頭、轉向，在茂林修竹、綠樹陰林中打了幾轉，面前豁然展現出一片頗爲寬廣的新停車場。場地那邊，看來活像一把幾千坪大的綠榕大洋傘，貼地罩住，綠傘裏究竟藏的什麼寶，只有鑽進去才能明白，於是我們各找可入處而入。

進得綠傘，頓覺涼意襲人。抬頭看，老榕枝繁葉茂，不見天日。四處展望，枝幹杈椏，根節盤錯，小徑蜿蜒其間，的確幽雅非凡。

正中央，有武聖廟一尊，其大小頗似一般路邊的土地堂。但香火極盛，正所謂山不在高、水不在深了。

據廟主人說，這些榕樹本由一棵發展而成的，且此「神榕」和「十二佃」都有著古老的歷史。

聽說，明末清初，由福建漳、泉隨延平郡王反清復明來台的義民甚眾，其中有程、高、毛、吳、許、陳等諸姓十二人，遷至本地，胼手胝足，建設此地，故名「十二佃」。

十二佃位於曾文溪下游南側，自古以來，每到雨季，總是氾濫成災，居民苦不堪言。相傳百餘年前某夏，又逢水患，居民正感束手無策之際，某日，武聖顯靈，親植榕樹一棵，水勢因而得阻，民賴以安，自是村人敬榕如神，並建武聖廟於榕樹前，前往焚香祈福者日眾，逢年過節更是絡繹不絕。

爾後，百餘年來，任此榕樹自由發展，凡鬚根入地又成一株，株株相連，至今釀育成林，面積已達兩千餘坪。

由於榕樹自然生長、根、幹盤旋交錯，變化多端。廟主人，察其態勢，往往標上既美而又寓有深意的名目。如母幹緊貼武聖廟後向空伸展，其勾勒之勢，如天馬行空，乃名之曰「天馬行空」。廟旁有洞，內有榕根，狀如蟒蛇蟄伏其間，乃名之爲「錦蟒靈修」。廟前左側有一根彎捲如龍，乃名之爲「金龍獻瑞」。右前懸根，自捲成圜，乃名之爲「明心鏡」。其他如丹鳳朝陽、乳虎初醒、神鷹展翅、青龍偃月刀、蜻蜓點水等等，無不酷肖。

再就榕樹整體來看，古榕向前突出一叢，長六丈，寬二丈，有如海浪奔騰，勢極雄壯；稍後一處，形若浮舟，主人爲仰體菩薩心腸，因而名之爲「慈航普渡」。我們漫步其間，凝神觀賞，細細玩味，益覺廟主人匠心獨運的可愛。

我們這些專爲尋幽訪勝而來的遊客，雖不迷信，但對忠義千秋的武聖，素極景仰，因而也隨著上香頂禮的善男信女們，向武聖行三鞠躬禮。

禮畢，於林間石凳，小坐片刻。古人說：「萬物靜觀皆自得。」在此短暫的寧靜中，似乎又領略到不少先前所未能領略到的東西。

見《博愛》二卷六期民國六十八年十一月號

過客

我和內人，年近古稀。退休後的這幾年，一直像牽連不斷的兩片浮雲。在地球村上飄盪。最近到了休士頓，稍作停息。但仍不甘寂寥。十一月初剛參加達凱辦的楓葉之旅歸來。那奧斯汀州政府大樓建築的宏壯，聖安東尼華燈初上，河上漫遊的風情，美國前總統詹森出生地農場、牛子城，以及楓葉山的種種山光水色，尚在腦中迴盪之際。又於十六日一早，手提行囊，聯袂參加成大校友會辦的墨西哥，貝利斯海上七日遊。

初入大觀園

據說我們乘坐的 ELATION 號，並非最大的，但在我這初進大觀園的劉佬佬眼中，是無處不美、無處不艷。既有高樓大廈的宏偉寬敞，又有雕梁畫棟的華麗細緻。據資料，船上有客房上千，旅客容量，應在兩千以上，此次航行客人多少，雖不得而知，相信與此數字相去不遠。上船時大排長龍，但登船之後感覺上並不擁擠。船上有特設的露天游泳池、乒乓台、康樂（橋、棋、麻將）室，歌舞表演場、賭場、團體活動室大小數間，均有既古典又現代的設計和配套。定時開放的舞池，現場有樂隊伺候。「舞」林高手可盡情揮灑。更有大型正式餐廳兩處，幾百個位子的自助餐廳一處，游泳池泮、活動處所旁邊小型吧兒隨處可見。飲料、點心全天候供應。晚宴時男男女女盛裝入席。宴會場面與服務格調，可比美宮庭。船方似乎刻意讓每位乘客都有置身於皇家貴賓的尊榮感。我倆被安排在一六八桌，全桌十人，五對夫婦。全是成大校友或眷屬，過去雖未曾見過面，但因都是「成大人」而倍感親切。不過，我們五對夫婦，一則來自地球村的不同方位：香港、台灣、紐澤西、紐約和休士頓。二則在成大畢業於不同年次。畢業最早的林學長，和最晚的丁老弟（丁老弟小兩口是此行公認最年輕校友。所以我就賣個老，叫他一聲丁老弟。）相去在二十年以上。因此我們的相聚，有點像張飛、岳飛等各代英雄相會於天庭，各自有說不完的不同時空境遇與歲月滄桑。讓我倆覺得格外有趣和溫馨。晚宴後觀賞豪華歌舞表演，其場面之美盛，會使你誤以爲自己身處巴黎紅磨坊。總之，一切極盡奢華之能事，幾幾乎集西方古今享受於一時。唯一的遺憾是缺少了些中國風味的庭園與餐飲。當然，這也不能怪他們，這是美國船嗎？

船上「觀光」

十七日全天海上航行，於是可以借機參觀船上設施，與船友下棋、打球、談天說地。不過對我來說船友中除一二人之外，全屬新知。閒談間，有人問我，你現在住那兒？我順口答道：「現在住船上」。對我與朋友這種對話，林學長在我們下棋時笑著對我說：「謝某人你真會開玩笑」。其實我真的不是開玩笑，而是我的習慣性。我這種習慣性的來原有二：一是自幼老師就教導我們，怎麼問，就要怎樣答？記得有一次理髮，理髮小姐手持剪刀，對著我的腦袋問道：「你這個頭好久啦」？我立刻答道：「六十多年啦。」把那位小姐笑得前仰後合，半天不能動手。二是我這一生就如被風吹離原地的飛蓬，隨風飄轉，四海爲家。如果三天之前問我，我會回答現住休士頓，如果三月之前問我，我會回答現住台灣。總之，習慣成了自然而已。再者，此行所遇盡新知，也是另類的「觀光」吧。午後登上最高甲板。仰望藍天，府瞰大海、海闊天空、一望無際。好像海天之間，惟我船獨行。正所謂「前不見古人、後不見來者，念天地之悠悠，獨愴然而涕下。」令人慨嘆。佇立良久，不忍離去。

船行海上（包括回程兩天）三天不著陸地。雖然每晚有歌舞表演及舞池開放，但空閒時間仍多。感謝領隊廖先生暨承辦此行的校友們，安排了幾場同樂會。節目主持人，不論是朱門閨秀，還是我們謝家之鳳，都是既老練又沉穩。出口字正腔圓，節目安排豐富而多樣化。尤其是介紹各路人馬如數家珍，恰如其分，實在難得。會中，場內歌聲舞影，場外鼓掌聲、叫好聲，隨著樂曲的應和聲，此起彼落，真真是其樂也融融。讓我們忘了今夕何夕？我直到現在執筆疾書時，那一步一風彩的服裝秀，仍在眼前晃個不停。這更是另類的「觀光」了。

陸上遊覽

十八日船靠 PROGRESO 上岸參觀 CHICHEN ITZA 遺跡。此地有古石材建築多處，形成一系列建築群，除部分略有殘破外，保存大致完好。其中一個頗類金字塔式的建築，在這塊荒廢的平原上聳然而立，工程浩大，且全部完好如初。面對它，使我們立刻聯想到古埃及金字塔和我國的長城、秦陵。透過它，我們可以清楚的瞭解到當年此地古王朝的智慧、盛況、王權的顯赫，以及古帝國子民的艱辛與無奈。就此點來看，似乎不論亞州、非州或美州的古帝國頗爲雷同。

十九日船靠墨西哥 COZUMEL，與朋友租車環島遊覽。出市區後，沿岸景觀頗類台灣的墾丁，但途中除偶而看見幾棟富家的豪華別墅和觀光景點之外，大部份地區都非常荒僻原始。土地開發利用者少。海邊景點休息時，飲用當面現開一美元一個的椰子，土人揮刀大力代勞。我們開懷享用之餘，也體察到景點設備的簡陋和土著的落後與艱困。次日船靠貝利斯（BELIZE）所見情形更爲荒涼。遊覽車一出城，公路兩邊到處都是沼澤及原始灌木叢林。原野雖遼闊，但車行近兩小時，幾乎看不到任何農業。除了幾間小商店，及零星住宅之外，也看不到大型工廠或工業處所。甚至稍後的乘艇河上漫遊，女導遊引導我們看的，也盡是些自然野生蛇類、鱷魚，和特產的禽鳥而已。總之，他們除了先民的偉大建設廢墟供我們憑弔之外，似乎見不到如何的現代東西。同行的成大馬前校長於古跡休息處向我說：「如果來上二十萬華人，這個國家會很快的富起來。」這話我有同感，華人勤奮克苦，世界聞名。遇上這一片大好處女地，當英雄有用武之處。我在台灣時，就聽說貝利斯國土大小和台灣差不多，而人口卻只有十幾萬，何以貧困落後？今日一見始瞭解個中道理。我們想，如果沒有了觀光，如果沒有了兩岸外交關係夾縫中的油水可撈，真不知道，他們將如何生存？

舷邊省思

回程，熱鬧過後，常於弦邊小坐，極目遠望，海天一色，寧靜而安祥。然低頭府視舷外，卻驚見滾滾浪濤一個推著一個，急急忙忙的向船後隱退、消逝。也許由於船太大，在感覺上，它一直像座不動的繁華城池。因而此時的我，好像弄不清楚是船在前進呢？還是海浪有意對著我們迎面撲來，當頭棒喝的警示我們：世上的一切都像我們這些浪頭一樣，一個個前仆後繼，「終期於盡」呢？此時似乎更能讓我深切的領悟到蘇東坡在赤壁懷古時說「浪淘盡千古風流人物」的內含與感受。轉身看看，泳池泮躺椅上的一對老老外夫婦，艷陽下閉目養神。時間對他們來說似已靜止。令人羨慕。

正沉思間，內人從近處吧兒取來一些點心飲料。於是我在手持咖啡、面對美食之際，想到此行在我心中的兩點震撼：一是下船遊覽地區的落後貧困和船上的現代與侈華，同時交互出現在眼前的強烈對比。二是船民（包括七天的和常期在船上工作的）們相處和諧而溫馨。譬如我的英語很爛，凡涉及專業，總是詞窮、短路。所幸不論是點菜或辦事、隨處都有新知故友，拔刀相助。再如船上的人膚色有黃的、白的、黑的、半黑不白的，不論是在甲板相遇，或電梯間碰頭，總是「早安」「您好」的彬彬有禮。再者，船上雖然人多事雜，卻從未傳出失竊，更不必說什麼搶劫或恐怖暴行啦。不像我到休市，不幾天就遭小偷登堂入室。看來我國儒家大同理想的實現，似乎要從這條船上開始。

新旅程的開始

歡樂的時光，總是流逝的太快。二十三日就是此行結束的日子。早餐完了。船客們又大排長龍，辦入關，下客船。待繁華散盡，人潮退去。我倆又手提行囊迎著冷風，回到旅所。準備新旅程的開始，但不知道下一個行程是那裡呢？是天上還是人間？

陌生人

獻給一位抗日的無名游擊英雄

去年配得這棟小巧而院落頗大的眷舍。窗前窗後，有果樹數棵，房子幾乎三面被濃濃的綠蔭覆蓋著，涼爽、舒暢，另外尚有幾十坪的空地，作爲孩子玩樂場，確是理想，唯一頭痛的是那些頑強的野草，真是鋤頭鋤不盡，春風吹又生。今年三月間，孩子們一時興起，提議種落花生。主意甚妙。花生種下去，不但草長不起來，可省我鋤草之苦，將來要是有了收穫，大家還可有得吃呢，於是全家動員，墾土、下種、澆水，不兩天工夫，大功告成。

幾場春雨，幼苗日漸茁壯，滿園翠綠，給這簡陋的家園增添了不少春意，孩子們臉上日日掛著希望的光彩，不時的去探視，去撫摸。入秋不久的一個下午，七歲的明明興高采烈的跑來向家人大叫著說：「我們的花生可以吃囉！」邊叫邊把那沾滿泥土的小手向大家擺一擺，手上拿著幾個神秘的小東西。老大老二也嚷著要。於是我帶著他們走進院中花生園，拔起幾棵，每棵根部都生滿小鈴鐺似的落花生，孩子們樂了，我問他們「知道新花生怎麼處理最好吃？」三個小腦袋搖搖。

「燒了最好吃。」我說。

「怎麼燒呢？」老二問。

「我來教你們。」說罷叫孩子們找些乾草把花生連秧帶果一齊包了放在地上。點著火、必必剝剝的燒將起來。看到他們幾張充滿喜悅而新奇的小臉，使我不禁想起自己的童年歲月，火光好像又置身在北國故鄉的田野裏。

那是民國三十三年中秋前的一個下午，我牽著小妹跟堂兄到村西裏看莊稼，那年我才八歲，堂兄大我三四歲，身子長得特別結實，我最喜歡和他一道下田，因爲他的玩法多，吃法也多，譬如燒地瓜、燒荳子，春天看麥時節燒麥子，他都是行家。我們村西二里多路的地方是津浦鐵路，我家田地就在村子和鐵路中間，自北而南總有半里多長，與鐵路成平行，地南頭靠沙河，河床很深，每當大雨過後小河會漲得滿滿的。入秋雨水少了，總是乾乾的，一河沙子。河南岸是周家大戶的後院，周家是孤立在原野上的大宅院，沿河建有長長的灰磚墻，墻角靠近鐵路的一面有座古老的小樓，這樓原是周家守家護院的炮樓，門是向內開的，外面看不到什麼，只能看到二層樓上的幾個小窗戶。現在樓上駐著二十幾個日本鬼子，於是就在河邊面向鐵路的地方開了個新門。門前站著兩個荷槍的日本兵。平時我們在田裏燒東西吃的時候，偶爾會走來幾個服裝不整的日本兵吃上幾嘴，講幾句我們聽不懂的日本話。

今天太陽快偏西了，我們又在靠河邊的地上燒花生，我們把田裏拔來的花生棵用草包好，堂哥點火，我在一邊俯下身撅起屁股幫著吹，濃煙把我倆熏得眼淚直流，仍然不起火，堂哥罵我拾的野草不夠乾，正在無計可施的當兒，面前倏地出現一位莊家漢模樣的陌生人，腰上紮條寬大的黑布帶，身穿粗布長衫，前後襟高高撩起掖在腰帶上，右手荷鋤，左手拿著草帽，笑著向我們說：

「小弟弟，我來幫你們燒。」

陌生人說完放下鋤頭和草帽，四處檢了不少的乾草，然後蹲下身子，真的幫我們燒起火來，看來他比堂哥能幹多了，不久小小草堆冒出熊熊的火舌，我不禁擦掉臉上的淚水，高興得雀躍起來。火熄了我們一齊把灰燼攤開，檢拾著那些燒黑了的花生剝著吃，別看這些小東西燒的這樣難看，裏面的「仁」卻是又白、又嫩、又香。

「看你們這幾個小鬼頭這樣貪嘴！」吃興正濃時，他—那個陌生人，笑指著我們罵，又說：

「一個個臉上抹的快成小黑包了。」

其實他的臉上也好看不了多少，嘴邊黑黑的，就像突然變成老公公似的，長滿一嘴鬍子。我們一面吃一面也笑他。當我低頭揀花生時，忽然人不見了，不過鋤頭和草帽還丟在那兒。我心裏正自納悶，堂哥用肘碰我一下說：

「看！那個人……」

抬頭看時，他正從河裏跳出來，撲向靠近這邊的日本兵，身手矯健極了，只見人影一晃，鬼子兵哼都沒哼就歪在那兒。幾乎同時，門那邊的一個也倒了下去，接著是「噠！噠噠！」的盒子槍聲，我們離河那邊的炮樓實在太近了，槍聲把小妹嚇得放聲大哭，我也愣了，堂哥一把拉住小妹叫道：「快走！快走！」小妹腿還沒動，人先跌了一腳，那小小的黑花臉上又多了一層黃泥，她索性賴在那兒不起，堂哥著實急了，大聲讓道：

「快起來！死ㄚ頭我背你走。」

吵嚷間，槍聲稍停，突然從炮樓窗口跳出一個身穿黃軍服的日本人來，咕咚一聲摔在地上，爬起向西就跑，堂哥雖說比我大幾歲，有點膽量，此時此地好像也走不動了。真是越看越怕，我嚇得直打哆嗦，說時遲那時快，窗口上忽的閃出一隻手，砰砰兩槍，響聲簡直把我耳朵都震聾了，看看那正在狂奔的日本鬼子，一頭栽在地上，身軀扭動了幾下，就沒再爬起來，不久從那窗口一連跳下三四個農夫打扮，手持長短槍的漢子，著地站定後，散開向四方觀望著，不一會兒工夫，另外又有兩個同樣穿著的人抬著個籮筐，匆忙的從門裏出來，筐子裏好像有人，半個身子露在外面，筐上帶著斑斑的血跡，抬筐的兩個和站著的幾個會合之後，其中一個好像說了句什麼，一揮手，一夥順著河堤，朝東去了。

槍聲已停，人也遠了。小樓方面一點動靜也沒有，我們這才想起趕快往家跑，快到莊頭「爸爸」和「二伯父」迎上來，爸爸又氣又急的迎頭就問：「你們聽到槍響了沒有？怎麼不快回家？」堂哥和我都不敢回聲，小妹一邊哭一邊上氣不接下氣的說：「有人打……打死……日本人。」

「打死日本人？」二伯一聽大驚失色。接著又向爸爸說：「老五快帶他們走，直去王村三妹家好了，天晚了不必等，我回去帶全家人隨後就來，看情形不對，鬼子的鐵甲車不久會來，我們村子是鬼子炮彈的好目標。」

就這樣我和家人在三姑家住了七八天才敢回家。回來後看到我家房子壞了好幾間，聽大人說是給鬼子炮轟的，別的人家有的更慘呢？又聽說周家炮樓住的鬼子兵給游擊隊幹光了，鬼子增援的鐵甲車打了很多炮，也殺了些未能逃走的老弱百姓洩憤，因爲他們抓不到一個游擊隊。

這事過了很久，堂哥才神祕的向我說：「小弟！你那天看到沒有？」

「看到什麼？」我說。

「籮筐裏那個滿身血的人。」

「怎麼樣？」

「嘴上好像抹得黑黑的。」

不知是害怕還是敬佩，聽了堂哥的話，我木然的呆在那兒。

原刊於民國六十二年九月一日《青溪》七十五期，筆名謝斌。

短篇小說

相親

曙光透過窗子，輕撒在張勝的臉上，他睜開眼、欠欠身，看看四週仍是一片沉寂，想起來走走，可是他不忍心打擾老伙伴們的清夢，難得有個星期天麼於是拉拉被子又躺下來，心裏不禁又盤算起那苦惱了他三個多月的老問題來。他想，今天下個決心了，是去，還是就這樣下去算了，如果就這樣算了，當然將來萬一冤家路窄見了面，她也不會罵我「大騙子」，和她只不過在相親時見過一回，也許她早把我忘了。再說就是她能認得我，也未必能拆穿老趙他們玩的西洋鏡。想起老趙，張勝真是又氣又恨，他怎會使出這一招？我張勝祖輩就從沒做過這種缺德事，相親回來又把我的身份證拿去，要了幾回都沒下文，這不知又攪什麼名堂！張勝想著想著心中的怒火好像又要燃燒起來，上個星期天就是爲這檔子窩囊事，一時按不住火氣在老趙家裏和他翻了臉。不過現在張勝頭腦冷靜多了，翻了個身，又想，老趙何嘗不是一番好心，記得小的時候在家鄉和他一同尿和過泥巴，從軍後南征北戰、跋山涉水，共過生死，他會有意出我的洋相？再說自他成了家，這些年來爲了我討老婆，不知讓他跑了多少腿，就爲這次的事和他翻臉實在對不起人，可是這次的做法實在讓我一輩子不能心安。張勝又想，現在事情這麼久了，吹是吹定了，其實自打相親那天起，壓根我就沒想要它成，成了又怎樣？以後的日子能過得去嗎？那熱鬧啦，讓她一天罵我是騙子大王，是想老婆想瘋了的野男人。「唉！」想到這兒，張勝不由的嘆出聲來。又想，事情吹了沒關係，可是我不能在良心上永遠受這種折磨，天天吃不好，睡不穩，這是何苦來吧？張勝越想越多，一大早把個腦袋弄的昏昏脹脹。

「去！」張勝終於得到了結論，他向自己說：「老趙一直不讓我去那是爲了面子，現在我去是爲了自己心安理得。」於是他一個翻身跳下床來，不巧踏著了面盆，悉噻嘩啦把大家嚇了一跳，鄰床的老王直罵「神經病！」

主意拿定了，張勝心情開朗多了，洗臉、刷牙、吃飯、穿衣，都比前些日子輕快多了，看來比三個月前相親的那天還要高興。那天他穿的是深色西裝，西裝是專爲相親做的，這是老趙的特別安排，雖然張勝對於穿西裝素無好感，總覺得穿上硬領襯衫，再打上個狗卡子似的領帶、真不是味道。可是老趙一再的說：「非穿不可！」臨走老趙還特別小聲叮嚀道：「這次相親，你可要見機行事，不要失了大家的面子，媒人和女方都是地方上有頭有臉的人物。」

今天就不同了，張勝無牽無掛的，穿上軍服，配上上士肩章，擦亮配件，下意識的對著鏡子照照，雖是四十開外的人了，覺得仍和當年一樣的年輕，腰桿和當年一樣的挺。

上了火車，找到位子坐定了，張勝心裏反而又猶豫起來。到那兒從何說起呢。這也難怪，張勝上一趟全由媒人和老趙兩口子牽著鼻子走的，前前後後簡直沒他說的話。那天相親，一進女方大門，媒婆首先開了腔：「李代表，李太太好！張太太好！張少校，趙先生，趙太太，快進來，我給你們介紹。」媒婆一面說一面拉著趙太太一伙人往裏走。張勝左右看看沒什麼張少校！心中正自疑惑，那裏媒婆又叫道：「這是李先生，是這兒的鄉民代表。這是李太太，阿英小姐的爸爸、媽媽。」

張勝看看面前口吐檳榔瘦小的男人和滿口金牙的胖婦人，心裏不知如何稱呼才好，論年齡，和自己不相上下，叫聲「伯父！伯母！」似乎張不出口，但是現在是相親呀！準女婿是該高稱他們一輩的，張勝還在猶豫，老趙夫婦看在眼裏，著實慌了，邊向張勝使眼色，邊說：「李太太李代表您好！」張勝這才隨著說了聲「您好！」總算沒失大體，之後打從大家入座、到小姐敬茶、拿紅包、媒婆的話匣子一直開著，

「……我說李太太，今天我跑這一趟，可不單是爲了男家，也是爲了你們阿英好，張先生不但人長得英俊，還帶過兵打過仗那！」

「是的當過排長，連長，現在坐辦公桌。」老趙附和著。

「文武全才呀！」媒婆是越說越起勁了，「趙先生以前還是張少校的部下呢，現在退伍了，趙太太當初也是我當媒人，兩口子過的可真好，嘻嘻……」說到得意處向著李代表笑個不停。

「張先生一定是什麼軍官學校畢業的，是不是？」男主人吐了吐嘴裏的東西問道。

「是！是！」老趙一看李代表問話，趕忙替張勝回答「張少校不但學問好、人品好，不抽煙，不……」

把個張勝聽得莫名其妙，幾次想張口，都被老趙兩口子的眼色堵了回去，看來只好由他們了。

「今年是……」

「三十五了。」

……………。

就這樣你來我往的把張勝擺佈了大半天，要不是他趁吃飯的時候和小姐聊了幾句，人家真會把他當啞吧賣了。

臨走女方表示一切都很滿意，聘金也講定了，不過唯一的要求就是希望看看男方的身分證再作最後決定，當然這一點張勝是被蒙在鼓裏的。

今天前去，張勝是單槍匹馬，又穿著這套上士軍服，萬一她家裏的人把他的來意弄扭了，不管三七二十一的給個難看怎麼辦？因此他不能不多考慮考慮。對，他忽然想起來了，聽說阿英是在她家不遠的小工廠裏做工，也許私家工廠會加班，不妨向她把話說了。反正此行對她無所求麼，她對我如何看法，只好由她去了。

在工廠的小小會客室裏，張勝終於等著了阿英，她穿著藍圍裙，手裡拿著工作帽，滿面笑容的走進來，但當她看到客人是誰時，臉上的笑容被太多的疑懼驅得光光的。不禁叫道：

「是你！」

「是我，我是張勝。是在你家作客的張少校。」張勝這次在小姐面前意外的大方起來。「我知道你此時看到我一定很迷惑，現在我正要告訴你這些。」他看看自己的軍服，接著又說：「我不是少校軍官，是上士班長，我不但沒讀過軍校，連中學都沒上過，只是讀了幾年私塾後又唸完了小學，如此而已。現在你仔細看看我像三十五歲的人嗎？白頭髮一大堆了。」

「請這邊坐。」她指著旁邊的沙發禮貌的說。

「謝謝！」他向她走進一點仍然站著繼續說：「雖然上次一切都是他們那樣說，但是過錯的責任還是應該全由我負的，我太沒勇氣了。現在我不是請你原諒，當然更不敢有別的要求，只是把一切向你說明了，求個心安理得，請你回去給你爸爸媽媽說，我很對不起他們，這件事就算過去啦。」

阿英聽得獃了，正想說什麼，張勝沒讓她張口接著又說，「阿英小姐，真對不起，又打擾了你，再見！」說完向阿英行個軍禮轉身就走。

「張勝！張勝！」阿英的叫聲並沒有使他回頭。

歸途的火車下，張勝睡得甜甜的。

三四天後，張勝突然接到一封限時信。信上寫道：

張先生，我國校沒讀完，不會寫信，請不要笑。前天你來說了很多，我覺得你是世界上最真誠的人，我把你的話說給爸媽聽了，兩位老人家也這樣想，所以我們歡迎你再來我家作客，來時仍然穿著軍服吧，你穿軍裝比西服帥多了，其實我家的人早就知道一切了，趙先生寄來的身分證上，改的很不高明…………

張勝一面看信，一面向老趙家裏跑。

原刊《青溪》七二期。筆名謝斌。民國六十二年六月號。

詩歌篇

強人頌（朗誦詩）

—爲恭賀業師　蘇雪林教授寫作五十年而作—

您是學生心中的強人
您有
學不厭的毅力
教不倦的愛心
　傳道，解惑常忘我
　治學，寫作惜寸陰

※　　　※

您是朋友心中的強人
您有
陶靖節的渾樸
赤子之心的純真

飽經憂患，不染一塵
　克苦勵己惜片紙
輸財報國捐巨金
※　　※
您是學者心中的強人
您擅寫
舊詞章，新詩文
義理考據，著述等身
更窮五十年精力向屈賦探進
　擇善固執盡在我
嶽立川行無古人
※　　※
您是國人心中的強人
您手持鐵筆

為文壇戰士，反共學人
　口誅筆伐不屈餒
　維護正義為己任
啊！
您真是雪中的
　寒梅卓卓
　綠竹漪漪
　　長令天地新

見慶祝蘇雪林教授寫作五十年暨八秩華誕專集

石頭的話—新昭君怨

今歲冬，筆者乘教授休假研究之便，赴美，訪密蘇里哥倫比亞大學，見該校新聞學院廡下靜置一九三一年我國所贈曲阜古石獅一對（約已五百年）。貌厚樸。彼等于沉默中似有悠思之情。是夜乃寫「石頭的話」於日記中。

我們是一對獸中的王者
我們是一對不老的神明
老美簡介牌上卻寫道
This stone……………
……………令我們心痛

※ ※

峨峨泰山是我們的故土
悠悠天地與我們同生
五百年前偶然被龍族看中

一錘錘，一斧斧
賦予了我們
獅子的形象
人類的族性
神祇的生命
我們一變而爲
曲阜孔宅的守護家兵
餐風飲露
日日夜夜了幾百年
…………了無倦容

※　※

是我們的姿色
是我們的純良
引來龍族的綺想

一九三一年的吉日良辰
「昭君出塞」似的
送我們遠渡重洋
如今我們默然並踞在
密蘇里大學新聞學院長廊
左有東洋來的神燈
右有西洋來的雕像
雖然都是老外筆下的
This stone……………
但我們是
龍族的「人」
龍族的「神」
面對絡繹不絕的洋客造訪
我們目不斜視

故作神彩飛揚
即使自知終必
永留「青冢」在異邦

※　　※

不知爲了什麼
人潮退去
露冷夜長
總是夢入
黃河蕩蕩
泰山蒼蒼

一九九三年冬於密蘇里客舍

示兒

生命的江河
滾滾的流著
在那永無止息的流程裏
時有捲起千堆雪的
層層巨浪
驚天動地
也有隨著漩渦兒打轉的
團團泡沫
霎那即逝
孩子
你我在那兒

一九九四年元月小兒於聖路易機場送別題贈

我

上帝仁慈
生我雙眼
卻讓我看不到我
於是，我永遠是我
我，在我心中

※　　※

人類聰明
創造了鏡子
我時時可以見我
從此，我不再是我
我在形像中——迷失

二〇〇〇年二月退休之夜於鳳山校舍

雪二章

一、老友

清晨
推開門，幾片雪花兒
迫不及待的
隨著冷風旋了進來
瀟瀟灑灑
親親切切
正如違別了幾十年的老友
異國重逢
悲涼中，透著幾分欣喜

二、天使的葬禮

夜空中
一閃閃
一群群
滿天滿眼的
著了白衣的小天使
被遣出了天堂

※　　※

祂們像奉了戰命的傘兵
義無返顧
前仆後繼
向遼濶的大地
飄降……飄降……
飄白了森林原野

飄白了城鎮山崗

※　※

聖子用寶血洗淨人的罪惡
祂們用軀體
掩盡人間的骯髒
讓世界一夜之間變得聖潔而漂亮

一九九四年冬於波士頓客舍

新增近作十篇

「剩閒」人生

記得我千喜年退休時，系內好友把酒相送，身邊一位突然端起酒杯高聲向大家說：「我們恭喜謝主任！從今而後他就成「聖」、成「賢」了！也就是說從今而後他就是「聖」人、「賢」人了！」大家正聽得一頭霧水的時候，他卻面帶神秘微笑，壓低嗓門說：「不過聖是剩餘的『剩』、賢是閒來無事的『閒』」惹得大家爆笑不已。

沒有錯！退休就是放下人生「重負」，安閒享受剩餘人生。這個概念再加上經國先生的一句話：「從某種角度看，世上的一切都是你的」。因此使我決定，在尚可溫飽的退休制度下，除了交友、旅遊、笑看人生，或感慨難耐時，提筆「一吐爲快」寫寫散文之外，決心不再投入任何名、利的競逐，不參加海內外任何社團，就算是與我的「飯碗」、興趣最有關聯的「寫作協會」「詩詞研討會」等等學術團體，也僅作適時、適當的參與而不正式參加。甚至於連打球、下棋一類的休閒活動，也僅僅是閒散時打球健身、下棋怡情，而不參加任何棋賽、球賽。如此才能有我自己「從心所欲不逾矩」的自由、快樂「剩閒」人生。

而今退休轉瞬十年。我在這十年真真正正的「剩」、「閒」歲月中：或在黃埔湖畔，台灣、休士頓海邊，一竿在手，不但享受到「一壺酒，一竿身，世上如儂有幾人?!」（註一）的閒散瀟灑，更可神領「孤舟簑笠翁，獨釣寒江雪。」的孤傲；或遊三峽，體會那「兩岸猿聲啼不住，輕舟已過萬重山」一洩千里的快意。或臨黃河、泰晤士河、塞納河，或面對尼加拉瓜、黃果瀑布，望流水而深思那「逝者如斯，不捨晝夜」的萬事萬物永恆哲理。或登歷山（註二）、華山、南美基督山、歐洲鐵力士山，不論是那座大山，只要登上頂峰，除了一路欣賞眾山各自的獨特景觀外，總會讓我強烈的領略到「舉頭紅日近，回首白雲低。」（註三）以及「回頭下望塵寰處，不見長安見塵霧」（註四）的那種傲然超凡之感；或成都「草堂」訪杜甫；或濟南楊柳陰中訪「詞后」；或西遊絲路「瑤池」會「王母」；或東臨大海「蓬萊」會八仙；或飛「加」國，「班芙」鎮上夢「夢露」；或入美國地下海（lost sea），仰望頭上「石頭天」。總之，從這十年來，「遨遊地球村、神會古賢人」中，讓我深深領會到，退休不僅是人生最大轉折點，不僅是從此步上實質的「剩」、「閒」人生。更可以說是步上一個新的，即使是「聖賢」也不一定人人能夠得到的那種「古」、「今」交會，「天」、「人」合一，近乎神仙的高境界人生。因此，對這十年珍貴人生，我心中充滿了無限的感恩！

首先感謝這「偉大的時代」：想當年孔子周遊列國，「登泰山而小天下」。這所謂的「列國」、「天下」，在那個時代，是全然不出我「神州」大地的。然而近百餘年來，由於科學、交通工具的進步，中西文化的交會，已經將古聖先賢所謂的「天下」化而爲「地球村」了。再加上現在的退休制度，這才能使得有幸生在今日的我，有機會借重現代進步的交通工具，「地球村」裡飛來跑去而無後顧之憂。再者，這「偉大的時代」，也曾讓我在童年、幼年時代，就接受到「抗戰」、「內戰」的錘鍊，苦楚盡嘗。因此不但使我對人生早有深刻的了悟，更成就了我，退休後地球村「閒」逛時，所到之地，不論簡陋、繁華，無處不可安枕；所吃食物，不論粗茶淡飯、山珍海味，無物不是香甜。也因此成就了我，享受到超乎常人的快樂「剩閒」人生。

二要感謝父母賜我健康體魄；俗謂「黃泉路上無老少」「人生七十古來稀」，雖然今日有退休制度，但並不是人人都能熬到退休時刻的。如果我像先賢顏回一樣「不幸短命」；如果我現在沒有「我不照鏡子就是十八歲」的健康狀況，何來今天如此逍遙的「剩閒」人生。

三要感謝曾經教導我、幫助我，和我一同玩樂，而今散居「地球村」各地的師友們。他們全是我能有今日的「功臣」，尤其是我退休後才來到的休士頓地區，雖然只有十年，雖然每年只住六個月，但卻從旅遊、歌唱、打球、下棋、餐會中結識到許多「氣味相投」的知己「老友」。「老友」們多年來幾乎日日齊集僑教「乒乓室」，打球、下棋、笑談古今，其樂也融融。但自從球室八月一日起「不再外借」後，「老友」們「勞燕分飛」各奔「球」程，相見不易。看來那段令人懷念的日子，也只能「此情可待成追憶」了。雖然如此，但我內心仍然充滿感謝，感謝促成我明年「不再來」的決心。更感謝點醒我「天下沒有不散的宴席」。「老友」們再見了！相信「天上人間」後會必有期！

最後，最最感謝的，是我的賢內助楊大榮女士。今年是我們結縭五十年大慶。幾十年來，生兒育女、操持家務、助我抄寫論文、校對書稿，而她自己卻仍然教學不輟，從不知苦。退休後伴我東奔西走，不離不棄、雙棲雙飛，從不知難。我們聯袂看盡人心的良善、奸險；嘗盡世間的苦、辣、酸、甜。我能有此良伴，今生何憾？！

總之，我在這麼多的天時、地利、人和之下，有此十年快樂「剩閒」人生。應該全是上帝的恩賜，能不感恩？！今後能否再有這樣的十年、二十年，那就看上帝的旨意了！

註釋：

註一：見五代李煜【魚父】詞。

註二：「舜耕於歷山之下」的歷山，今名千佛山在濟南。

註三：見宋，寇準【登華山】詩。

註四：見白居易【長恨歌】詩。

見二〇一〇年十月三十一日【美南週刊】

人生感懷

奉患難老友衍豐兄（筆名麥高）招集，特撰打油詩「人生感懷」兩則以就教。

夢戲人生

是夢是戲是人生？
難分難解難理清。
莊生曉夢迷蝴蝶，
蝴蝶怎知是莊生？
念我自幼別故土，
如今滿頭白髮生

夜夢返鄉見爹娘，
猶似放學回家中，
爹娘叫我快長大，
長大為國作樑棟，
醒來樑棟未作成
空對鏡中——皤皤一老翁！

中國文字太奧妙

十八年少八十老，
世上無人不知曉。
只因國字太神奇，
豎寫橫寫都成調。
若將八十橫著寫，

左右讀來意分道，
左讀八十是老翁，
右讀十八正年少。
人問貴賡今幾許？
八十十八任我挑，
何不回答十八歲，
自己欣喜人也笑。
非我有意捉弄你
中國文字太奧妙。

見二〇一二年十月麥高《政治順口溜　麥高來打油》六五頁。

從「象棋」遊戲看人生

筆者來休士頓這些年，交了不少「象棋」好友。其中周秉彝先生不但是「棋」中高手，更是善寫行草的書法高手。國學根基極爲深厚。日前周先生寫了一首「象棋詩」，最後一句「扭盡六壬樂無窮」。真是寫盡了愛「棋」者的那種絞盡腦汁機關算盡，卻「快樂無窮」的心態感受。妙絕！也因此引起我談談我的「棋」戲人生。

「棋」戲的啓示

「象棋」是我人生正務之外的精神良伴，也是我人生正務的指導者。當然，讀者朋友也許會覺得，所謂「精神良伴」易懂，而「人生正務的指導者」，聽起來似乎有些語無倫次，但是在我人生中的感受確是如此。也許是緣份，也許是天意，從我很小很小（應該是六歲入學之前吧），就常常看家父在他中醫藥店的櫃檯上和朋友下象棋。開始不懂，只是隨便看看，年齡漸漸長大，看棋也就漸漸入迷。尤其是離家前讀小學五六年級的那段日子，放學後只要讓我看到有人下「象棋」，不論下棋的人是大人或小孩，我準會聚精會神的在旁看個沒完沒了。有時看到一個關鍵步，心裡憋不住，常常因爲「多嘴」而被責、被罵，甚至於曾被比我大一點的孩子打過耳光。這一耳光真是讓我終身受用無窮；在我之後漂泊異鄉的六十多年裡，不但看棋從不敢「多嘴」，就是看打牌、看打球、看世間任何事事物物都不會輕易「多嘴」。內心時時自我警惕，要牢牢守住「當言」、「不當言」的分寸。總之，這一耳光讓我這「少小離家」隻身漂泊在外的孩子，不知躲過了多少是非、災禍！這真是上天的恩賜！也是「象棋」遊戲給我帶來最早的人生啓示和指引。

再者，當年在家鄉，我看棋雖然成迷，但很少與人下棋。真正下「象棋」成迷，是一九四八年隻身離家，追隨流亡學校，次年到澎湖讀初中的那幾年。那時我們這群「叫花子」不如的學生，一則生活艱困，二則長年住校，每當課餘或假日，只能悶坐思鄉，或說笑閒聊，或赤腳操場上玩球、口袋空空碼頭上看大船，電影院門口看看廣告而已。因此閒散時間太多，窮極無聊之餘，有人就剪硬紙片製作象棋，從此「棋」風大盛。幾年下來，筆者棋藝雖然進步不多，但「棋」戲卻又給我帶來了交友、忘憂、奮進等多方面的人生啓示。

交友：下棋交棋友，是很自然的。但從棋戲中見「個性」，可以讓我依照同學不同的個性交往，更容易成爲好友，是我初到澎湖的新發現。這就像我幼小時初次發現冬天曬太陽很暖和，讓我感到一樣的驚奇和欣喜。當然，之後年歲日大，逐漸理解到，大凡打球、玩牌或一切有輸贏有利益衝突性的遊戲、競賽，都會讓參與者的「本性」暴露無遺，讓我更容易瞭解更多人，也更容易與更多人交往。因此，今年春節期間在台灣，有位正在讀大學的孫輩問我：如何才能真正瞭解異性朋友的個性和人品？我不假思索的說：你不要指望從對方與你的言談中瞭解這些，你要從對方與其他人來往中去多方面觀察瞭解，尤其是他與別人作下棋、玩牌一類的活動時，你可以從他在活動過程暨結局是輸是贏的心態、動作表現上，細心觀察，大致可以瞭解，你可以試試看。

忘憂：當年少小離家，鄉關萬里齊集澎湖，因此「想家」和對「前途茫茫」的

「恐懼感」，是同學們兩大揮之不去的共同心「病」。能暫時醫治這種心「病」的良藥，在當時不外是閒聊、打球、下海下田覓食充飢，或出去窮逛。現在有了「象棋」，對我來說，它真是良藥中的良藥。只要把棋盤一擺，一切煩憂完全拋之九霄雲外。更因爲我的體質一向瘦弱，不愛運動，所以用「棋」戲消遣時間就比別人特別多，久而久之，「棋」戲漸漸帶我浮上「鄉思」和「恐懼感」的深淵，煩憂忘盡。

奮進：在當年那種大環境下，在那種長期物質貧乏，生活艱苦的情勢中，「棋」戲不但是我的忘「憂」草，也讓我漸漸從「棋」戲中領悟到對茫茫前途的現實思考。既然下棋要步步踏實，奮進不懈，直到終局，人生應該也是如此。人生不可能永遠停留在某個時間點上，就算你不在乎澎湖的艱苦生活，甘願天天如此，而上天也不會讓一切就此停頓，你必須思考未來。事實上，澎湖三年多的「苦」「樂」生活，轉眼即逝。五三年遷校台灣本島員林鎮，這時的我已進入高中階段，不得不斷然停止棋戲，收起童心和文藝寫作的愛好，集中全力準備高中畢業後的考學，邁出「奮進人生」的第一步。之後的數十年雖無暇下棋，但下棋的「奮進」意識，卻潛在的導引我，穩紮穩打一步步努力走過來。而今雖無何成就可言，卻仍能「我思」「我在」，實應拜「棋戲」之賜。

「棋戲」人生

俗謂「世事一局棋」，真是經典之言。從大處看，我國幾千年的政權更迭，不就像一局局「勝王敗寇」的「棋戲」累積嗎？我們翻開歷史，不論是湯放桀，還是武王伐紂、秦滅六國、楚漢爭戰等等，那一次改朝換代不像「象棋」盤上的一局「棋戲」？更何況象棋盤上的「楚河」「漢界」，就是劉邦項羽楚漢爭戰的象徵。不過，「象棋」盤上的爭戰，比逐鹿天下的實際爭戰要可愛得多，因爲在任何一次勝王敗寇改朝換代的實際爭戰過程中，不知道有多少黎民百姓、雙方將士毀家喪命。正所謂「一將功成萬骨枯」，敗固慘敗，勝何嘗不是從悲慘中得之。而「棋戲」則不然，棋盤擺上，「楚河」「漢界」，經緯分明，雙方人馬展開，殺馬屠卒擒敵帥，既無人馬傷亡之慘痛，確有運籌帷幄決勝千里外之快意，「勝固可喜，敗亦欣然」，勝敗一笑其樂無窮。再從小處看；每人的一生又何嘗不像一局棋？就如筆者，幼年觀棋、少年下棋、中年奮鬥如「棋戰」，如今年過古稀，老居海外，日日與老友齊集

「僑教」，打球健身、「棋戲」怡情，笑談古今、坐看雲起。回顧今生，又何嘗不是棋戲一局？總之，棋戲人生，人生棋戲，誰能分得清楚？！

感慨之餘，筆者謹步周先生「象棋詩」韻和詩如下，敬請指教：

縱橫逐鹿河漢中，
老將新秀逞豪雄。
殺馬屠卒擒敵帥，
勝敗一笑樂無窮。

見二〇一〇年七月一九日【美南週刊】

尋找一九四九滴落在大江大海裡的眼淚

——楊教授昭奎老師詩句

二〇一〇年十一月十五日，一群六十多年前，在舉國烽火中，衣衫襤褸形同叫花子隊的青年男女，而今一個個已是兩鬢飛霜，但卻都神采奕奕的歡聚在台北蘇杭小館，恭候他們的師長也是鄉長的　楊教授昭奎老師自舊金山回台餐敘。這些恭候中的白髮男女，實際上就是幾十年來國人口中所謂的「山東流亡學生」。他們來台初期在澎湖，就讀「澎湖防校」，之後遷員林為「員林實中」。「員林實中」時期，他們曾親承　楊老師教誨多年，而今經過近六十年的歲月洗禮，這些歷盡滄桑的「異鄉客」，或散居地球村、或已步上天庭，能夠參與今日師生聚會的，只是住在臺灣北部的少數幸運者而已！這是一場超越師生情誼、超越烽火時空、充滿歡聲淚影的師生會！

會後不久我收到　楊老師新出版的【天堂鳥】散文詩第五集。對這次的師生會，楊老師在四一九頁的詩篇中寫得好：「……這是心靈的交會，是在共同尋找一九四九滴落在大江大海裡的眼淚」。至於當年滴落的眼淚而今何處尋？　楊老師在詩中說的更好：「……歷盡滄桑，無怨無悔，尋尋覓覓，六十年過去了，這些眼淚早已化作了汗水，灌溉了國家社會。」　楊老師對這場師生會更贊許爲：「這不是世故人情的交換，而是一世情誼所鑄成的光榮里程碑，閃耀在陽光下，無限光輝。」又說：「人已老，心仍飛，飛回遙遠的員林，重溫懷念的傷悲！」這真是一首好詩，一首以血淚、以生命譜成的跨時代好詩。是「流亡學生」一生的縮影。每當我展讀此詩時，總是熱淚盈眶，淚光中當年那些因戰亂隻身遠別故土的少小學子們，成群結隊追隨師長、學長，關山萬里，渡大江、過大海、爬火車、搶渡輪，南京睡車站、杭州睡破廟睡風雨球場、湖南睡祠堂；澎湖防校砂石土地上赤腳玩球；上千男女同學在大操場上集體用餐，迎著風沙齊唱「大鍋飯」（註）；員林實中路燈下，深夜苦讀考大學等等那一幕幕悲苦的、悽慘的、歡樂的景象，就像影片似的再再在腦海中湧現，久久而不能自已！這首詩真是對流亡師生一生一世真情的寫照。

談到　楊老師，凡我「實中」老友，是無人不知、無人不敬。他是與我們這些漂泊異鄉的遊子們，有著「一世情誼」（楊老師詩句）的「實中」好老師之一。雖然楊老師教化學，實中之後並曾在海洋大學任化學教授，但　楊老師重情誼，國學根基深厚，新文學興趣亦濃，尤善寫散文詩。近十多年來先後出版了厚厚的【天堂鳥】散文詩五集。秀文曾立雪門下，對恩師詩文本不應有所品評，但每當我讀　楊老師【天堂鳥】時，總覺得篇篇文筆簡暢，音韻自然，讀來如臨行雲流水；在內容上，篇篇感情濃郁，意境高遠，寓意深長。讀罷總有「餘音繞樑」的感覺。

近日楊老師在「實中」老友的殷切期待中又將返台，到時必然又有幾場師生盛會，我並可借機向　楊老師請教老師的【天堂鳥】散文詩。

註：「大鍋飯」是一首歌。當時男女同學千餘，吃飯沒有餐廳、沒有桌椅，八人圍成一圈，中間一盆湯菜，旁邊擺著幾大鐵桶糙米飯。待人到齊飯菜擺好，由教官發口令，全體齊聲高唱：「同甘苦，共患難，我們都吃大鍋飯……」。

見二〇一二年一月一日【美南週刊】

「金玉滿堂」與人間禍福

——從報載「怕下場不好，中頭彩55天才領獎」談起——再給孫輩的話

孩子們！前年我曾以「戰勝自我」爲主題，談到你們要如何自律、如何奮鬥，以便開展人生、邁向人生成功之路？但什麼是成功的人生？人生有成之後要如何適應、如何自處？這種問題因爲對你們尚屬遙遠，所以當時未曾談到。但近日看到新聞報導；「台北一對公務員夫婦，四月初中了四億八千萬元威力彩頭獎，由於他們了解西方類此一夕暴富的領獎者，下場多不太好，因此而猶豫五十五天才領獎。並決定立刻捐出兩千萬作公益，未來每年也會持續捐款。」而引起我諸多聯想。再者如果等你們真正有成的日子，怕我已「天上」「人間」不知身在何處了！？因而思

之再三，還是現在嘮叨幾句較為心安。

何謂成功的人生？

所謂「成功的人生」，大致可以分為兩個層次：第一個層次是「人生美滿」；就今日社會來說，如果有人能幼年盡自己的智、能，完成應該完成的學業，然後走入社會，服務社會，工作勝任愉快，經濟能力足以仰事父母、撫育兒女、教育兒女，家庭和樂，待人接物終生俯仰而無愧。此人的一生，應該就是所謂美滿人生。也就是古人所謂「日出而作、日入而息，鑿井而飲，耕田而食，帝力何有於我哉！」的那種平凡中見偉大的人生。第二個層次是「人生中有傑出的成就」；一般論人的成功與否多偏於此。當然，有此傑出成就的人必有大智慧、大膽識、大担當。如古時立大功於天下的人，或為「勝王」，或為「功臣」，譽滿天下，名垂青史。有大德行的，有大學問、大思想的，著書立說成聖成賢而萬古留芳。這就是古時所謂「立德、立功、立言」三不朽。今人在政治上權傾朝野，在企業經營上富甲天下，在著作上、科技發明上有特別傑出表現嘉惠眾生等等。也都是「傑出成就」。一個人如能兩層兼具，才不負此生，才算是真正「成功的人生」。

如何方能兩層兼具而達到「成功的人生」？

能否達到「成功的人生」？問題往往決定在第二層次的「傑出成就」上，沒有它固然不成，就算有了「傑出成就」，如果當事人觀念不清，處理不當也不見得能達到「成功的人生」。這種現象在「立德、立言」上問題不大，但在「立功」上表現的就非常明顯而強烈；如歷史上立過大功的范蠡、文種、韓信、張良，雖然他們每人同樣有「大功」於國家社稷，享大名於天下，而范蠡、張良則擁有「成功的人生」，但文種、韓信卻沒有。因爲文種、韓信不知「功成身退」，而貪戀權位，惹來殺身之禍，既然不得善終，也就失去了「成功的人生」。再如堯、舜、秦始皇同是歷史上的赫赫帝王，而堯、舜能達到「成功的人生」，而秦始皇則是失敗的人生。雖然秦始皇自認功蓋三皇五帝，雖然他對我國在政治、文字、度量衡等等的統一上有功，但他功成後私心太重，不但不知適可而止，效法堯、舜讓天下於賢能的人，反而自稱始皇帝，大力營造子孫萬代爲帝的基業，意圖子子孫孫永享帝王之福，結果二世胡亥在位不及三年即爲臣下所逼而自殺，三世子嬰只坐了幾十天的小王就被項羽抓來殺掉，江山易主。子孫享帝王之福不成，反遭大禍，真真正正是「禍延子孫」，可嘆！而且始皇在滅六國、建子孫萬代帝王基業上手段殘暴，更留下千古「暴君」惡名。因此他的人生總結來說應該是失敗的。再說三不朽中「立德」的「德」字，看來內涵空洞，但卻最爲豐富，因爲它實際上涵蘊了三不朽。也就是說「立德」的人必可不朽，然而無「德」之「功」，無「德」之「言」則無所立，也就談不上「不朽」了。再進一步看，雖然一般人多把古時的大賈巨富，今天的企業鉅子視爲有「傑出成就」的人，但三不朽中並無「立財」這個項目，爲什麼？我想原因應該在於：財貨不是人生的中心價值觀。財勢過大往往遭禍，這正是所謂「懷璧其罪」吧！但處置得當則可轉化成福、成善、成「德」，也就是說富甲天下的人，財富處置的好就可化爲「立德」而「不朽」。可知「立德」中似乎也已隱含「立財」，就看你如何做了！如當年孟嘗君門下食客馮驩，爲孟嘗君收息於薛，凡薛民窮苦還不起息錢的，馮驩不但不收他們的利息，更將他們的借卷當眾燒掉，馮驩回報孟嘗君說：「令薛民親君而彰君之善聲也」。（註一）好一個「彰君之善聲也」！再如歷史上的大賈巨富陶朱公因多次散財「立德」而名傳千古（註二）。而同為大賈巨富的呂不韋則不然，他挾財勢玩弄秦宮廷於股掌之上，終至「飲鴆而死」不得善終（註三），當然也就與「成功的人生」無緣了。

總之，身為祖父輩的我，希望天祐你們能有傑出的成就，（而實際上也並非不可能，因為你們之中有人早已在中小學拼音比賽上，拿過州第二而見報；也有人在大學學期綜合成績上拿過院第一，學校主動頒發高額獎學金。）當然更希望你們有了傑出成就之後，能處置得當，不要失去「成功的人生」。雖然前文所舉多為古人古事，然而古今的事理、人心都是一樣的。因此如果你們之中有人僥倖在文學、藝術、科技、發明等方面有傑出成就的話，只要勤儉自處、謙恭待人，擁有「成功的人生」問題不大。但如果你們有人在政治上達到「權傾朝野」，那就應該想到「權不可用盡」，積極為民服務，及時「功成身退」。更不可借權勢聚財，妄想子子孫孫有錢用，那將會走上秦始皇的老路，子孫享福不成，反遭大禍。如果你們中有人僥倖在企業上有成而至巨富，或在其他成就上獲得可觀財富的話，雖然這些錢財完全來自心血、汗水，但仍然應該想到「福不可享盡」。須知「福禍相倚」（註四）

的道理。宜效法陶朱公、效法馮驩，如得意外大財，更要效台北中大獎的那對夫婦，將過多財富轉化成福、成善、成德，就當是上天借你的手佈善於大眾吧！記住！積善之家必有餘慶。再者絕對不可留給兒孫過多財富，老子說過：「金玉滿堂，莫之能守。」俗話也說：「富不過三代」。近代人文學者粵佛教授在一九四八年著有【理想有後果】一書，書中粵氏鼓吹恢復「虔敬 piety」並引用柏拉圖之語，謂父母所應留給子女的，不是財富，而是虔敬精神。總之，權勢、財勢可福可禍，尤其是「金玉滿堂」雖是人人夢寐以求的，但是福、是禍仍然在於你的一念之間！孩子們！多加勉勵吧！也許將來我會在「天上」，含笑看到你們有「成功的人生」！

註釋：

註一：事見【史記】倦七十五孟嘗君列傳。

註二：陶朱公就是范蠡。事見【史記】越王句踐世家。

註三：事見【史記】呂不韋列傳。

註四：【老子】五十八章「禍兮福之所倚；福兮禍之所伏。」

見二〇一〇年八月二十二日【美南週刊】

梅花香自苦寒出 麗質美從善心來

——我門所認識的梅麗女士

謝秀文 楊大榮

余夫婦來休士頓的這幾年，於旅遊、打球、唱歌中，交到不少志同道合的好友。但與梅麗女士的相識，非常特別，那就是結緣於「吃」。因爲梅女士是僑教中心老協營養午餐會主持人，我們常在僑教中心玩樂之餘，到老協午餐會用餐。尤其是近幾年，只要我們人在休士頓，準是座上「食客」。

梅麗女士主持僑教中心老協午餐會，完全承繼前任主持人巧玲女士的熱誠積極服務精神。主持午餐會雖屬義務，但她卻把它看作是一份職責、一份理想。雖然來此用餐的老人，絕大多數原本與她並不相識，但她卻把他們視同家人、視同自己兄長。因此除午餐本職工作盡責盡職完成任務之外，凡是對來此午餐的老人，在生活上、身體上、精神上有益處的事，她都會竭盡心力去做、去安排。因此她在午餐會上常常大聲報告，她所得到與老人有關的福利、健康保養、醫藥常識、以及生活在不同時令下長者應該注意的事項等等資料。她在報告時，如果聽到講話聲，她怕有人會因此而聽不到，就會更大聲叫：「請不要講話！」充分表現出她那熱誠、爽朗、正直、純真的個性。當然，對於身體有特別狀況的會友們，她更是特別照顧關懷。如行動不便的趙老太太，梅女士總是將飯菜盛好親自端到她的面前，讓趙老太太不必像其他人一樣排隊自己親自領取。有的「老」友們愛吃這個、不能吃那個、也有的飯裡要多加些菜湯，不然嚥不下去。久之她都了解，只要不影響「大局」，她都會主動使你滿意。有會友因喬遷、旅遊而離別，或再回到午餐會，她也都會公開表示送迎。如彭姐喬遷紐約，梅女士就悄悄的私購紀念品，請大家簽名贈言以為紀念。再如從台灣台南來的何先生夫婦，前些年何先生每年來上一兩個月即匆匆回去，待梅女士得知何先生已患肝癌，回去是為了繼續醫療，她就在網路上，醫療書刊上找到一些非常好的醫療資料，自己出錢影印送給何先生。邇來因病情關係，何先生夫婦已半年多未來休士頓，而梅女士仍經常撥國際長途電話問候，就連已經辭去午餐會工作之後的這些日子，梅女士與台南何家仍有電話來往。真是愛心感人！再者三年前筆者長女患肝癌，亦多蒙梅女士關懷有加，讓我們永遠感念在心。更重要的是，在梅女士服務的四、五年間，只要午餐會友對某些事有願望，她總會正式出面安排、邀請他們心目中所謂的「專家學者」，來午餐會上演講、放映旅遊照片等等，前後不下十餘次；如吳越凌先生，當年曾任「八國聯軍」「少林五祖」兩部電影的總攝影師。攝影作品多年來在休士頓時常展覽、獲獎，是僑界公認的攝影大師、攝影「專家」。梅女士於零七年五月間，在午餐會友期盼之下，邀請吳先生以【攝影的技術】爲題，蒞臨午餐會演講。當時余夫婦亦有幸在座，受益良多。再如旅遊家王永士先生，常在報刊上發表旅遊大作。最近數月，梅女士順從會友民意，多次邀請王先生蒞臨午餐會放映絲路、敦煌石窟等各處旅遊珍貴照片，並向徐驊先生請託借用放映機配合王先生放映，徐驊先生立刻新購放映機一台以便配合。王先生一面放映，一面作詳細講解，讓我們午餐會的這些「老」友們大開眼界。再者，筆者不才，也曾兩次爲會友們錯愛，爲梅麗女士器重，被邀請來午餐會專題演講；一次是零六年八月初，拙作「從一篇『中國通』的中文翻譯看漢字未來的走向」於【美南週刊】發表後，老友們有的想對漢字繁簡問題多所了解，於是梅女士邀我以「漢字的起源、發展及今後的走向」爲題，赴午餐會專題報告。第二次是零八年一月初春節前，拙作「『年』景」於【美南週刊】發表後，老友們想對我國傳統年俗來龍去脈有所了解，於是梅女士再邀我以「從『年』『臘』『祭』等漢字的創製意涵淺談我國傳統年俗」爲題，赴午餐會專題報告。同時梅女士並請吳越凌先生演唱「蓮花落」，以增添過年熱鬧氣氛。至於其他幾次，因爲我們每年有半年不在休士頓而未及參與，遺憾之至！再說，這些活動看來簡單，但每次都要梅女士親自與午餐會友們商量、向老協會報告、與老協會英文班協調上課時間，以便英文班的「老友」過來一同聽講等等，是很費心費力的。總之，以上這些作爲，除了讓梅女士倍加辛勞之外，對她本人並無實質好處，但她卻總是樂此而不疲。這應該是她「佛教徒」的愛心、善心使然吧！

再者，日前梅女士因事送我們夫婦回家，上車後方發現她已換了名牌新車，追問之下才知道，是她兒子堅持送的。我們想這真是「給金子也不換」的好兒子。更知道她自兒子十六歲起，就獨自一人靠信念、靠毅力，艱苦奮鬥二十年，將兒子撫養長大、培植成材。如今兒子事業有成，母子情深是必然的。我們再從兒子的角度看，有這樣一位「萬金不換」的好母親，堅持送她部名牌新車，讓她高興高興又算什麼？！

如今梅女士已於九月三十日辭別午餐會工作崗位，「功成，事遂」之餘，生活若閒雲野鶴自由自在，可喜可賀。更值得可喜可賀的是有此「金不換」的好兒子，正是所謂「有子萬事足」。因此我們夫婦送她一副賀聯；

梅花香自苦寒出

麗質美從善心來

祝福她今後的歲月充滿「喜樂香甜」，永遠「青春美麗」！

見二〇〇九年十月十八日【美南週刊】

我曾看到女媧鍊石補的「天」

引言

女媧鍊石補「天」，是我華夏古老的神話故事。女媧就是「女媧氏」（媧皇），是神話中的古帝名。有的說她是伏羲之妹，有的說她是伏羲之妻。古時出現天崩地裂，女媧乃鍊五色石以補

河北「媧皇宮」前的「補天廣場」

「天」，斷鼇足以立四極。（註一）可知「女媧氏」在我華夏子民的心目中她是人似乎更是神。

遊邯鄲

今春四月余夫婦有幸與連襟何先生伉儷，連袂自北京赴河北省的邯鄲「自由行」旅遊。何先生是中科院名學者，余亦忝任文史教席，對於古戰國時代的趙國都城邯鄲，在歷史長河中所發生的趣聞奇談，行前已略知一二，因而到達後，主動一一向當地民眾探詢，在他們的熱心指導下，我們輕鬆的參觀了【莊子、秋水】以及【漢書】上都曾提到【學步邯鄲】的「學步橋」、廉頗藺相如狹路相逢的「迴車巷」、趙武靈王的「閱兵臺」，以及當年盧生在呂仙引導下，於邯鄲客店中「黃粱一夢」的故地等等。但卻探訪不到秦始皇母親當年仍然是呂不韋侍妾時的住處遺跡何在？失望之餘，在訪談中卻意外探聽到「媧皇宮」。所謂「媧皇宮」；據說就是後人爲了感念女媧（媧皇）在當年天崩地裂時，鍊五色石補「天」以拯救萬民的大恩大德而建的廟。該廟就建在當年「女媧氏」鍊石補「天」所在地的山坡上。那位熱心的地方人士還特別強調說：「該地雖屬涉縣，但距離邯鄲並不遠，大約兩小時多的車程。你們可以過去看看！」真是讓我們喜出望外！尤其是我，竭力主張前往一遊。因爲埋藏在我心中多年的問題，也許此行可以迎刃而解。什麼問題哪？記得十多年前曾和內人在美國遊覽過田納西州（Tennessee）的Lost sea（迷失之海）。那是一個深藏地下數百呎的大湖，岸邊有碼頭，碼頭上有幾條可乘坐二十餘人的遊船。湖面在週邊燈光反射下，看起來很大，真的就像一個無風無浪的汪洋大海。當我們乘船遊湖，仰望天空

美國田納西（Tennessee）州的迷失之海 LOST SEA

時，立刻讓我聯想到，這是否就是當年「女媧氏」鍊石補的「天」哪？！因為此時頭上的這片天是真真正正的「石頭天」。看來現在有機會當面請教請教這位仙人「女媧氏」；「妳當年鍊石補的天，經過這近萬年（至少有六七千年）的地層變動，是不是隨著迷失之海（Lost sea）而轉入美洲地下了呢？」。

訪媧皇

我心中既有此奇想，於是次日早餐後，我們立刻以四百元人民幣包車一天，專程訪「媧皇」。通往「媧皇宮」的公路並不寬大，沿途丘陵起伏，我們的車子在綠野茂林間蜿蜒緩步前進，正好給了我們飽覽北國燕趙風光的大好機會。兩個多小時後，右前方有翠綠小山浮出於綠野田疇間。司機先生說：「快到了！媧皇宮就在那座山上。」不久我們的車子駛進山前的開闊停車場，由於我們到達時已過上午十點，正是遊客旺盛時刻，因此車場雖大而車位幾近客滿。再加上車場周邊小商店、小吃館很多，小攤販更是隨處可見。乃造成香客、遊客推來擠去，真可謂「冠蓋雲集，遊人如織」。看起來現在的「媧皇宮」嚴然已是集風景、名勝、古蹟於一身的觀光大景點。我們下車後爲趕時間，匆匆忙忙隨遊客向山前走去，不久進入更爲平整開闊，既無攤販又無車輛雜物的雅潔大廣場。入口右邊聳立著極爲醒目的巨石一方，上書「補天廣場」四個大紅字。難怪這兒如此氣派，竟然是「女媧氏」當年鍊石補天的工作基地！可惜的是，當年「女媧氏」如何鍊石補天的？現在好像已無任何形跡可尋，殊爲遺憾！穿越「補天廣場」，登上數十級開闊石階，來到高約數公尺的年輕「女媧」立像前。我們面對這位看來高高瘦瘦風華絕代，是人也是神的青年女「媧皇」，不禁肅然起敬！因爲不論她是人還是神，至少她應該是我華夏民族可知最早的巾幗英雄。再向前行，我們須攀登數百級石階步道方可到達「媧皇宮」。這種形勢，對我們這個總歲數超過三百歲的小小四人旅行團是一大考驗。於是我們商量決定：年近八旬的我與何先生爲表示對「媧皇」的誠敬，決意步行登山；內人和年近古稀的小妹轉往右側滑車站，乘滑車直達「宮」前。當我們四人在「媧皇宮」門前會齊時，我已筋疲力竭兩腿發軟，但內心興奮萬分，於是我們興高采烈入「宮」門，但卻萬萬沒有想到，仙人「媧皇」不在。正殿上只有她的替身……塑像而已，當然我們無法知道，她是因補天公務繁忙哪？還是雲遊天下未歸？失望！真是讓我失望！看來我心中存之已久的疑問，今天難以得到答案。就算以後再來，恐怕也不一定能見到「媧皇」本尊。那美洲迷失之海（Lost sea）上的「石頭天」是否就是「女媧」補的天哪？也許這個問題永無答案！既然如此，我只好以「石頭天何在？」爲題，「自以爲是」的成小詩如下：

石頭天何在？

天崩地裂萬民苦，
媧皇慈悲鍊石補。
乾坤萬載幾變易，
石天伴海迷入土。

午後回程途中在司機先生的引導下，順道意外的參觀了當年大漢皇帝曾經幸臨過的「大槐樹」，以及近年才發現的「天下第一龍」（註二）讓我們大開眼界。更讓我們感覺此行雖然未能見到「媧皇」本尊，卻仍然收穫豐碩，回味無窮！

註一：請參閱【淮南子、覽冥】、【太平御覽、女媧氏】。

註二：在邯鄲附近。據說近年此地因建工廠挖地，在地下意外發現大石龍一條，在它左右更有小石龍九條。正合「龍生九子」之說。現在此地不但未建工廠，並且像發現「兵馬俑」一樣，將石龍就地開發清理展示。

見二〇一二年一月二十二日【美南週刊】

〔大千世界盡眼底　動靜剎那皆永恆〕再續篇

——參觀十年休士頓華人攝影學會攝影展感懷

休士頓華人攝影協會幾乎每年都有大量琳琅滿目的會員作品假僑教中心展覽。由於我在休士頓的居期不定，只有零五年十二月以及零六年八月兩次展覽趕上參觀，並且由於兩次作品全是內容豐富，表現亮麗而又各有特色，乃誘我多次進入展覽現場細加觀賞，並各有「參觀感懷」發表於「美南週刊」。今年該學會又於十月九日—十月十七日假僑教中心展出，幸好讓我撞上，這幾天又多次進入展覽現場觀賞，發現今年參展作品在數量上與以前類似，在題材內容上雖然仍然是包羅萬象；有故國河山，也有異國風情，凡我大千世界動靜萬物百態應有盡有。然而本次展出作品與以前作品有其明顯的不同，其最大的不同處，在於攝影大師們對於花草樹木、鳥獸蟲魚或山川人物，不僅以自己內心的巧思賦予作品新生命、新內容，更運用最新、最精進的攝影技術，在光度明暗、色彩調配、畫面處理上，更能配合呈現出作者內心的主題意念。

落日餘暉

走進展覽會場，有兩張照片令我振奮，一是蔡保羅先生的「布達拉宮晨曦」，一是吳越淩先生的落日餘暉。前者之所以令我振奮，因爲布達拉宮建構宏偉，廳堂樓臺林立、櫛比，依山勢層層上推，得其全貌已屬不易，並且能於微弱晨曦中而讓照片仍不失光彩亮麗，這實在是一幅難得的完美巨照。而後者除照片本身的完美精彩外，更從命名上，有其令人深思的內涵。

我們看，這張照片的主題景物是台北「中正紀念堂」。照片上所呈現的整體畫面是在已下地平線的落日反照中，那藍頂、白牆、白色的欄杆，以及白色臺階所組成的「中正紀念堂」雖然清晰可見，但它已被周遭黯淡的暮色所包圍，就連右上方紅中透白的大塊浮雲，以及堂前鮮紅的花叢眼看不久也將被夜幕所吞噬。此景正影

吳越淩先生的「落日餘暉」

吳越淩先生的「大中至正」

射「堂」主人當年日麗中天，光照神州近半個世紀，而今豔陽已遠徒留餘輝伴蒼茫。再看吳先生的另一張「中正紀念堂」大門牌樓照片，下面國旗飄揚，而門額上的「大中至正」題字如今已走入歷史。正所謂「萬事到頭都是夢」（註一）奈何！總之，吳先生這兩張攝影作品，不僅畫面完美亮麗，而內涵更是寓意深遠，難得！

詩情畫意盡眼底

再讓我們一同看看以多取勝的幾類作品：一是以梯田爲題材的：如吳秉勳先生的「秋之金虎」、「銀蛇勁舞」。前者是在秋後金黃色的山野間，那一條條明暗分明的梯田，層層隨山勢傾斜排列而下，形成雄偉虎身紋路，整個山勢望之似虎，乃名之爲「秋之金虎」妙絕！後者是當山野間的梯田完全滿水時，遠遠看起來那一塊塊小小梯田，像蟒蛇身上片片閃閃發光的銀色鱗片。這遍野閃閃磷光，隨野坡起伏，整體看起來，果如銀蛇舞動，而名之爲「銀蛇勁舞」更是絕妙！再如鄭凡女士的「遠天晚霞映棉堡」同樣是借層層梯形山野形成的勝景，也是妙不可言。二是以鳥爲題材的：如黃錦坡先生的「火烈鳥」，看那無數紅鳥，像千萬小小火種，遍撒澤邊淺水濕地，有如大地燃起遍地熊熊烈火，與澤邊綠地相映成趣。再如關本俊先生的「起飛」，眾鳥瞬間起飛，鋪天蓋地，與藍天爭光輝，野趣十足。再者，以獨鳥爲主題的：如潘英俊先生的「千載一瞬」與鄭凡女士的「乘勝而歸」，如將兩張並列，頗有連續劇的架式。前者是一隻大鳥突然出水，張開紅紅大嘴，在此一瞬間，有獵物（魚）飛躍而過，正好送到嘴邊，畫面驚險。後者也是一隻頗爲類似的大鳥，口啣已經擒獲的獵物，涉水喜奔而歸。兩相映照，趣味無窮。三是謝禮明先生的兩張「麥田」。在那廣闊的田野上，那一望無際但隨地勢略有起伏的麥田，看起來像塗上淡淡油彩的無垠大漠，真是美妙絕頂。

總之，本次展出作品，可以說每幅都是各有特色的佳作。管見以爲本次參展作品，不是攝影圖片，而是攝影大師們將胸中的詩情、畫意隨意揮灑而成的一幅幅寫意畫，一首首抒情詩，「落日餘暉」更可以說是一首長長的史詩了。然而滿室作品中，總覺得，氣勢宏偉的故國河山不夠多，象徵華夏歷史輝煌、悠久的「長城」更是缺如，實在難以慰我鄉愁，殊爲遺憾！

見二〇一〇年十一月七日【美南週刊】

註一：見蘇軾《南鄉子》詞。

吳秉勳先生的「秋之金虎」

潘英俊先生的「千載一瞬」

新寵

自古父母寵兒女，
禽鳥覓食育子忙。
殷商紂王寵妲己，
玉環寵愛唐明皇。
千古風水輪流轉，
今朝男女寵狗狂。
手牽懷抱走透透，
沐狗而冠著新裝。
親親熱熱如兒女，

同遊同樂同上床。
休言狗兒是異類，
好處多多一羅筐；
既無懷胎拾月苦，
又無夫妻晝夜忙，
上班不怕孩子哭，
更無逆子弒爹娘。（註）
管他將來少子化，
只求眼前喜洋洋。

註：筆者閱讀民國一〇三年二月二十二日聯合報社會版：「被罵花錢兇逆子弒母跳樓亡」並據報導稱：「……臉部被砍十七刀、左手背十三刀、兩手虎口各一刀、喉嚨三刀，致命傷在喉嚨。」不禁感慨萬千，乃有此作。

流浪人生

流浪！流浪！
我的人生是流浪！
當年少小離家鄉。
淚灑江海苦嘗盡，
前途茫茫奔四方；
人在烽火中流浪。
天旋地轉六十載，
兩鬢飛霜歸故鄉。
爹娘只能夢中見，

往事歷歷空斷腸；
心在時空中流浪。
我那當年的故鄉，
永遠在夢中、在心頭，
蕩漾！蕩漾！

附篇一：專論五篇

論語「宰予晝寢」之商榷

讀論語至公冶長第五：

宰予晝寢。子曰：「朽木不可雕也。糞土之墻，不可杇也。於予與何誅！」　朱註：「晝寢謂晝日而寐。」

心中惑甚，學生宰予只是晝日而寐（晚起，或是課堂打瞌睡），孔子就怒罵他是朽木糞土之不堪造就，豈是「有教無類」「誨人不倦」之至聖所爲？觀孔子待人一向是溫而厲，威而不猛，處群獨處，莫不出以中和，藹然有度。言談問對於時人或弟子，總是褒獎之詞多，（如讚美子產、管仲、晏平仲、顏回、言偃、仲弓等等不勝枚舉。）責斥之詞少，輕重亦能恰如其分。如：

子曰：「孰謂微生高直，或乞醯焉，乞諸其鄰而與之。」（公冶長第五）

子言微生高不直，舉例說明而已。又如：

子曰：「晉文公譎而不正，齊桓公正而不譎。」（憲問第十四）

子曰：「臧文仲，其竊位者與？知柳下惠之賢，而不與立也。」（衛靈公第十五）

子曰：「臧文仲居蔡，山節藻棁，何如其知也。」（公冶長第五）

子曰：「管仲之器小哉！」或曰：「管仲儉乎？」曰：「管氏有三歸，官事不攝，焉得儉？」（八佾第三）

觀以上孔子責晉文公譎而不正，臧文仲奢華不知，卑管仲小器。語雖或輕或重，卻均能心平氣和，就事論事。又如：

宰我問：「三年之喪，期已久矣。君子三年不為禮，禮必壞，三年不為樂，樂必崩。舊穀既沒，新穀既升，鑽燧改火，期可已矣。」子曰：「食夫稻，衣夫錦，於女安乎？」曰：「安！」「安，則為之！夫君子之居喪，食旨不甘，聞樂不樂，居處不安，故不為也。今女安，則為之！」宰我出。子曰：「予之不仁也！……」（陽貨第十七）

宰我欲將父母三年之喪，改爲一年，並謂父母喪期中衣錦甘食於心亦安，此舉顯屬不孝，然孔子並未立刻勃然大怒罵他不堪造就，當面祇於溫言教導之餘，諷刺之曰：「今女安，則爲之。」待宰我出去之後，孔子才向弟子們說：「予之不仁也！」，再者這句「予之不仁也」，是孔子對弟子機會教育而發，非專爲責斥宰予。觀孔子責人最重者當推以下二條：

原壤夷俟。子曰：「幼而不孫弟，長而無述焉，老而不死是為賊。」以杖叩其脛。（憲問第十四）

季氏富於周公，而求也為之聚斂而附益之。子曰：「非吾徒也，小子鳴鼓而攻之可也。」（先進第十一）

孔子對原壤，冉求出言如此之重，自有其必然之因素。原壤乃孔子故舊，因他少不孫弟，長無德行，孔子來訪，又蹲踞而待，故孔子以老友身分，深責之曰：「老而不死是爲賊」。不能不謂之入情入理。至於冉求爲季康子家臣，季氏搜括民財，再求非但不能勸諫阻止，反而助紂爲虐，爲之聚斂，此種行爲在今天亦應以國法論罪，求爲孔子弟子，故孔子聞之深怒，大罵「小子鳴鼓而攻之，可也。」看來亦不爲過。如宰予「晝日寢寐」，孔子就大罵他不堪造就，這似乎把「晝寢」之罪與冉求助人貪贓枉法之罪等量齊觀矣！豈不令人費解。

復讀各家注，大體不出「宰予晝日而寐」之窠臼。唯論語正義對「宰予晝寢」除解作「宰予晝日寢寐」外，並有如下之說：

李匡義資暇錄：寢，梁武帝讀為寢室之寢。晝作胡卦反。且云當為畫字，言其繪畫寢室。李聯琇好雲樓集，漢書揚雄傳：「非木摩而不彫，牆塗而不畫。」此正雄所作甘泉賦諫官觀奢泰之事，暗用論語，可證畫寢之說，漢儒已有之。……春秋時，大夫士多美其居，故土木勝而如氏亡，輪奐頌而文子懼。意宰予畫寢，亦是其比。夫子以不可雕不可朽譏之。正指其事。

讀此知「晝寢」可能爲「畫寢」之訛，心中之疑稍釋。業師劉曉武先生亦曾於課餘面示「以作畫寢爲好」，現在先就論語正義所列例證來看，「畫寢」之說可否成立。

梁武帝讀「寢」爲「寢室」之寢，雖未舉例證，然古籍中寢字用爲名詞作「室」作「寢室（宮）」者，極爲普遍。茲舉數條爲例，如周書皇門：

子獨服在寢以自露厥家。

公羊傳三十二年：公薨于路寢。

禮記檀弓：

杜蕢自外來，聞鐘聲，曰：「安在？」曰：「在寢。」杜蕢入寢，歷階而升。

上列各寢字均用爲名詞。禮記檀弓「杜蕢入寢」四字，尤其值得我們注意，句形與

「宰予晝寢」頗類，但杜蕡是「進寢宮」，而非「睡覺」。又李聯琇好雲樓集所指漢書楊雄傳「非木摩而不彫，牆塗而不晝。」暗用論語，此點顯屬「晝寢」之積極證據，且漢人已知之，然「晝寢」之說迄今仍鮮爲世人重視，不亦怪哉？

細案「晝」「畫」說文同收聿部。二字一橫之差，傳抄易訛。古書多以篆文或古文書寫，尤易混亂。晝：篆作晝，古文作晝。畫：篆作畫。籀作畫。且古籍中「晝」訛爲「畫」者有之。如：

孟子公孫丑下：孟子去齊，宿於晝。

趙岐注：晝、齊西南近邑也。

史記田單列傳：燕之初入齊，聞畫邑人王蠋賢，令軍中曰：「環畫邑三十五里無入。」

劉熙曰：畫，齊西南近邑。畫音獲。

索引：畫，一音獲，又音胡卦反。

據趙岐劉熙之說，孟子去齊所宿之晝，和史記之「畫邑」實爲一地。但孟子作「晝」，史記則作「畫」。而後來的資治通鑑則又作「晝」。資治通鑑卷四：

樂毅聞晝邑人王蠋賢。令軍中環晝邑三十里無入。

然則齊國西南之近邑究應作何寫法？括地志云：「戟里城在臨淄城西北三十里，春秋棘邑。又云：澅邑，蠋所居，即此邑。因澅水爲名也。」又京相璠曰：「今臨淄有澅水即時水也。余按後漢耿弇攻張步，進軍畫中在臨淄、西安二邑之間。」齊國晝邑既由澅水得名，該邑實作「畫邑」。孟子，資治通鑑作「晝」顯屬傳抄之訛。對於一個地名而言作「晝」作「畫」，當然無關宏旨，但在經文中則相去千里矣。

綜合以上各點觀之，知「晝」乃「畫」之訛。今茲以「畫」代「晝」試譯此節如下：宰予將寢室彫梁畫棟一番，孔子譏諷的說：「腐朽的木頭，不能再雕琢刻畫了。那糞土似的老牆（註一）不能再粉刷（註二）了，對於宰我啊，要怎樣說他哪！如此，則孔子責宰予之情形，正與責臧文仲「山節藻梲」，卑管仲「器小」相類。夫子溫泰自然之貌，溢於言表矣！

註一：古人牆本土築，今之華北各平原地帶，牆亦多土築而成，土牆歷久不免生穢，故曰糞土之牆。

註二：釋宮云，鏝謂之杇譯爲粉刷。

本文見台北孔孟月刊第十二卷第五期

談談管仲與「三歸」

日來督導孩子們課餘讀古文。採用的本子是家門謝冰瑩教授與另三位教授合譯的「新譯古文觀止」（六十年十二月修正版）。一日，孩子指著二三三頁的一句語譯來問，筆者審視再三，實在無以爲答。

那是史記管晏列傳中的一句。原文是：「管仲富擬於三公，有三歸、反坫。」本書語譯爲：「管仲家中的陳設可以跟一般諸侯比，有三個公館，以及安放酒杯的土坫。」顯然的「三個公館」是譯「三歸」的。這確實是個新鮮而有趣的譯法。看看註釋，註釋上說：「三歸，三歸之家也。詳韓非子外儲說。」

「三歸」譯爲「三歸之家」後，只說「詳韓非子外儲說」，沒有進一步說明爲甚麼譯成「三個公館」，我們再看韓非子外儲說。在外儲說左下裏，有兩處提到「三歸」。

一是：「管仲相齊曰：『臣貴矣，然而臣貧。』桓公曰：『使子有三歸之家。』」

二是：「管仲父出，朱蓋青衣，置鼓而歸，庭有陳鼎，家有三歸。」

從以上的兩處，我們只能看出釋「三歸」爲「三歸之家」的出處。似乎仍看不出譯爲「三個公館」的原因。

再翻前人的解釋，常見的有：

一作臺名解：淸、王先愼的韓非子集釋上說：「三歸，臺名，古藏貨財之所，故能富。」

如果採用這種看法，「三歸」和「反坫」倒可以對稱。那麼可譯爲：「有藏貨財的三歸臺，以及安放酒杯的土坫。」對於韓非子外儲說的兩個地方也說得通。管仲既是想富，桓公就讓他家裏有藏貨的三歸臺，當然桓公也會送些珍寶充實充實。同時「庭有陳鼎，家有三歸」的「陳鼎」和「三歸」詞義亦可對稱。

二、有作「三姓女」解的：張守節的史記正義上說：「三姓女。婦人謂嫁曰歸。」（意思是三個太太）

有三個太太的家，當然是富家。這個說法也似乎可通。那麼該文就要譯成：「有三個太太，及安放酒杯的土坫。」

其他尙有把「三歸」釋爲地名或築臺之法的，卻看不出「三個公館」的說法從何而來。

至於古書言及「三歸」的，除史記及韓非子外，尚有「管氏有三歸」（論語）。「先君桓公有管仲，身老，賞之以三歸，澤及子孫。」（晏子春秋）等，在它們的註釋中，也難得看到「三個公館」的說法。

四位教授的意思，是不是採用古人「三位太太」的註解，又聯想到每個太太要安個小公館呢？（但古人與今天不同，太太們是可以合住。）敢請四位教授將來再版該書時，在註釋裏說明，或列出「三個公館」的出處或原因。

本文見國語日報語文周刊第一四二二期（民國六十五年七月一日）

秦正建亥不自秦一六國始

近來有人談起秦一六國行建亥之正的問題。所謂建亥之正，乃是以亥月爲正月（即以夏曆十月爲正月——歲首）的曆法。關於秦正建亥，史記、漢書有著多處的記載，確實都冠以「秦併天下」一類的字句。如史記秦始皇本紀說：

秦初併天下……始皇推終始五德之傳，以為周德火德，秦代周德，從所不勝，方今水德之始，改年始，朝賀皆自十月朔。

史記曆書說：

……而亦因秦滅六國，兵戎極煩，又升至尊之日淺，未暇遑也。而亦頗推五勝，而自以為獲水德之瑞，更名河曰「德水」，而正以十月，色上黑。

史記封禪書說：

秦始皇既併天下而帝，或曰：「黃帝得土德，……今秦變周，水德之時。昔秦文公出獵，獲黑龍，此其水德之瑞。」於是秦更名河曰「德水」，以冬十月為歲首，色上黑。

漢書律曆志說：

> 戰國擾攘，秦兼天下，未皇暇也。亦頗推五勝，而自以為獲水德，以十月為正，色上黑。

由於以上各條，總是少不了「秦初併天下」、「秦滅六國」、「秦始皇既併天下」、「秦兼天下」等等字樣，因而給人留下「秦曆建亥自一六國始」的印象，而事實上，建亥的秦曆，於秦併六國前，在其國內久已行之，關於此一問題，茲分三點說明於下。

一、秦既併六國，頒建亥曆於天下。此舉，只是表示自此時起，以秦曆代周曆（註一）行之於天下而已，並未否定秦一天下前，在秦國內「建亥」曆的推行。且周室雖有「建子」之周曆頒行，實質上，僅朝覲會同，暨部份與周室關係密切之諸侯行之，各諸侯國，在其國內輒自有其曆法在（如晉行夏曆建寅，宋行商曆建丑等等）。及周室東遷，情形尤爲嚴重。史記曆書說：「幽、厲之後，周室微，陪臣執政，史不記時，君不告朔，故疇人子弟分散，或在諸夏，或在夷狄，是以其禨祥廢而不統。」孔子倡尊王，所以據魯史作春秋時，往往說：「王正月」「王二月」，即謂周之正月，周之二月，以別於各諸侯曆。秦起西垂，文物制度，輒自有其規模，一天下之前，早已有他自己的曆法，實屬自然。

二、史記封禪書既說：「昔秦文公出獵，獲黑龍，此其水德之瑞。」知秦以「水德」、「尙黑」，自文公始。考秦文公四十四年，乃魯隱公元年（註二），也就是春秋開始的一年。計秦國自文公，經春秋、戰國，至始皇一天下（西元前七二二—二二一年）曆五百年之久，在此長久的時間內，「水德」、「尙黑」的觀念，必然會影響到秦國的實際問題。如秦因「上黑」，稱民曰「黔首」極久，及始皇倂天下，「明令更名民曰『黔首』」（註三），而秦以「水德」早行「建亥」之曆，似亦順理成章的事情。

三、秦相呂不韋當權時，集諸儒成呂氏春秋。呂氏春秋原則上用建寅的夏正，但月令季秋之月（九月）說：「合諸侯百縣，爲來歲受朔日。」此言顯然是以九月爲歲終，十月爲授朔，也就是以「亥」爲正的曆法。考始皇十二年呂不韋死，呂氏春秋之完成，當在始皇十二年之前，而始皇二十六年始倂天下，足證秦一天下前，以十月爲歲首（建亥）的曆法，在其國內實行已久了。

總之，秦代周而有天下，自以爲獲水德之瑞，以建亥的秦曆頒行天下，不是倂六國後，新造一建亥曆以代周曆。

附註

一、周正建子，以夏曆十一月為歲首。

二、據史記集解見。

三、見史記秦始皇本紀。

本文見中華文化復興月刊第十三卷，第二期。

秦曆探源

秦行建亥之正，且漢初承之，此點史記、漢書等均有明確之記載（註一），且有後世之註家爲之佐證（註二），當毫無疑問。

秦建亥之正，在秦統一六國前——最遲可認定在呂不韋當權時——已於其國內行之。此點筆者於拙作「棄正建亥不自秦一六國始」中，已舉呂氏春秋之例證證明（註三），似亦無問題。

然而，秦行建亥之正，究自何時始，似仍有探討之必要。

近來有謂秦正建亥自秦文公始者，如中央日報文史版九十三期刊「春秋王正月真義之探討」一文曰：

……尤其是秦國更獨特，它自文公開始有史記事之時起（平王東遷之初，西元前七五三年），就一直實施建亥曆法，以十月為歲首。（見漢書高帝紀秦二年十月顏師古注引文穎說。……）

該文言秦自文公時已行建亥之曆，雖然甚得我心，但下文括號內僅有漢書高帝紀秦二年十月顏師古注引文穎說爲之說明。而無秦行建亥之曆之實證。深以爲憾。

考顏師古所引文穎之言與史記封禪書所述文字略異而義實同；

漢書高帝紀秦二年十月顏師古注：

> 文穎曰：「十月，秦正月。始皇即位，周火德，以五勝之法勝火者水，秦文公獲黑龍，此水德之瑞，於是更名河為『德水』，十月為正月，謂建亥之月水得位，故以為歲首。」

史記封禪書：

> 秦始皇既并天下而帝，或曰：「黃帝得土德……周以火德，有赤烏之符，今秦變周，水德之時，昔秦文公出獵，獲黑龍，此其水德之瑞。」於是秦更名河曰「德水」，以冬十月為歲首，色尚黑。

且類此之言，史記曆書、漢書律曆志等亦有之。此類文字主旨大體在爲始皇改曆天下作理論之依據。如將秦正建亥之實施年代提前到秦文公，勢必另覓秦曆實施之確切例證。唯此一時期秦建亥曆實施之明顯資料不易發現耳。

邇來筆者研治春秋，涉及古曆，察覺秦之建亥曆，與顓頊曆，似有相當之瓜葛，甚至可以說：秦之建亥曆就是顓頊曆。茲舉以下五證以明之：

一、秦乃顓頊之後。

史記秦本紀曰：

> 秦之先，帝顓頊之苗裔孫曰女脩……。

而後，女脩生大業，大業生大費……至周孝王封之秦等等，史記記之甚詳。當周朝，尤其是西周之世，曆制極亂（註四），天下雖尊周室，行建子之周正，但各諸侯國於其國內，輒自行其先人之曆，如顧炎武曰知錄三正曰：

> 知杞用夏正，宋用殷正，若朝覲會同，則用周之正朔，其於本國，自用其先王之正朔也。

又曰：

> 獨是晉為姬姓之國，而用夏正，則不可解。

案：杞爲夏後（註五），宋爲殷後，晉雖姬姓之國，但晉民乃夏民之後也。史記晉世家「晉唐叔虞者」句，索引註之曰：

> ……然晉初封於唐，故稱唐叔虞也。且唐本堯，封在夏墟，而都於鄂。

所謂「夏墟」，當爲夏遺民所居之區域也。晉之主政者，雖爲周之宗室，但所治百姓必以夏人之後爲主，故於其國內，爲便民計而行夏正，乃必然之勢。故晉用夏正，亦可謂用其先人之正也。

總之，秦既爲顓頊之後，在此「史不記時，君不告朔」各諸侯於其國內輒自用其先人曆法之際，秦行其先人顓頊之曆，勢屬自然也。

二、五勝之推，「秦自以爲獲水德」之「自以爲」，似與其先顓頊德水有關。

考漢書律曆志有云：

> 曆數之起上矣。傳述顓頊命南正重司天，火正黎司地。其後三苗亂德……故自殷周，皆創業改制，咸正曆紀，服色從之，順其時氣，以應天道。三代既沒，五伯之末史官喪紀，疇人子弟分散，或在夷狄，故其所記，有黃帝、顓頊、夏、殷、周、及魯曆。戰國擾攘，秦兼天下，未遑暇也，亦頗推五勝，而自以為獲水德，乃以十月為正，色上黑。

觀「秦兼天下，未遑暇也，亦頗推五勝，而自以爲獲水德。」此「秦自以爲」之意念，一般認爲原之於二：

一曰秦以周爲火，秦自以爲用水勝火。如孟康於上文「亦頗推五勝」句下注之曰：「五行相勝，秦以周爲火，用水勝火。」

二曰秦文公獲黑龍，有水德之瑞。如師古於「……色上黑」句下注之曰：「獲水德，謂有黑龍之瑞。」

此二意念，實皆原於史記秦始皇本紀「秦初并天下……始皇推終始五德之傳，以爲周得火德，秦代周德，從所不勝，方今水德之始，改年始，朝賀皆自十月朔。」暨史記封禪書「秦始皇既并天下而帝，或曰：『黃帝得土德，黃龍地螾見。夏得木德，青龍止於郊，草木暢茂。殷得金德，銀自山溢。周得火德，有赤烏之符。今秦變周，水德之時。昔秦文公出獵，獲黑龍，此其水德之瑞。』於是更名河曰『德水』」。

考五勝之推，漢書律曆志另有其說，謂周德木而非火也。且曰：「秦以水德，在周、漢木火之間。」茲將漢書律曆志自太昊而至有漢，五勝之推，記之如下：

太昊氏……首德始於木，故為帝太昊……。

炎帝……以火承木，故為炎帝……。

黃帝……火生土，故為土德……。

少昊帝………土生金，故為金德。天下號曰金天氏。
顓頊帝………金生水，故為水德……。
帝嚳………〔水〕生木，故為木德……。
唐帝………木生火，故為火德……。
虞帝………火生土，故為土德……。
伯禹………土生金，故為金德……。
成湯………金生水，故為水德……。
武王………水生木，故為木德，天下號曰周室……。
漢高祖皇帝，著記，伐秦繼周。木生火，故為火德，天下號曰漢。

如上所述，則周既德木，論「秦自以爲獲水德」者，謂秦「自以爲用水勝火」，失所據矣。秦可以水滅木、或木可生水乎?至於「秦文公獲黑龍」，乃神話之附會耳。周德火、德木，雖說論紛岐，然秦之先祖顓頊屬水德，秦亦屬水德，各家無異說。知「秦自以爲獲水德」之「自以爲」，當爲承其先顓頊之德水而發，較爲入情入理也。

總之，五行之說，起之頗晚。本條雖非「顓頊曆即秦曆」之積極證據，然五行之說、既將顓頊與秦同列水德，必然認爲二者在譜系上、曆法上，有著密切之關係。

三、曆術之名繁多，自史記漢書以降，研治古曆者，輒列顓頊，而不列秦曆。如晉書律曆志，列黃帝曆、顓頊曆、夏曆、真夏曆、殷曆、周曆、真周曆、魯曆、三統曆、乾象曆、秦始曆、乾度曆、今長曆等十三曆以推春秋日與日蝕之數，有顓頊而無秦曆。

四、秦之建亥曆與顓頊曆，二者關係密切，幾不可分，史有明證。如：

漢書律曆志曰：

> 漢興，方綱紀大基，庶事草創，襲秦正朔。以北平侯張蒼言，用顓頊曆，比於六曆（註六），疏闊中最為微近。

又史記曆書「巴落下閎運算轉曆」句，索引註之曰：

> 姚氏案：益都耆舊傳云：「閎字長公，明曉天文，隱於落下。武帝徵待詔太史，於地中轉渾天，改顓頊曆作太初曆，拜侍中不受」。

案，漢初襲秦正朔，行建亥之正，以十月爲歲首，至武帝元封七年，始改行太初曆，正建寅。時漢興已一百零二年矣。此百零二年間，漢既襲秦正朔，而漢書、史記索引註又明確記載「以北平侯張蒼言，用顓頊曆。」「比於六曆，疏闊中最爲微近。」「改顓頊曆爲太初曆。」此說明顓頊曆就是秦曆。最低限度二者是「最爲微近」。

五、由顓頊造曆起乙卯，漢承秦初亦元以乙卯看，知秦曆與顓頊曆同爲一曆。

續漢書律曆志曰：

> 司馬彪曰：黃帝造曆起辛卯，顓頊用乙卯，虞用戊午，夏用丙寅，殷用甲寅，周用丁巳，魯用庚子，漢承秦初用乙卯，至武帝元封不與天合，乃作太初曆元以丁丑。

顓頊造曆既起乙卯，漢承秦初亦用乙卯，知顓頊、秦曆均元以乙卯。此知顓頊曆即秦曆也。

綜上五證，知秦之建亥曆，即承其先祖之顓頊曆也。

秦曆既屬顓頊曆，則秦建亥曆之實施，當不止上溯至秦文公也。

附言

或曰，一般謂顓頊正建寅，焉得與秦曆一耶?如史記曆書「昔自在古，曆建正作於孟春。」一句，索引曰：

> 按：……及顓頊、夏禹亦以建寅為正，唯黃帝及殷、周、魯並建子為正。而秦正建亥，漢初因之……。

筆者按：索引此言，似將「顓頊、夏禹」同言之，因禹建寅，故曰「亦以建寅爲正」。

此與下文將「黃帝及殷、周、魯」同言之，周、魯實建子，故曰「並建子爲正」同。然殷實建丑而非建子；史記曆書明言「夏正以正月，殷正以十二月，周正以十一月。」殷正既以十二月，當爲建丑而非建子明矣。且夏、商、周三代建寅、建丑、建子，幾人人耳孰能詳，索引尙有如此之誤謬，況顓頊年代久遠原無史實可考者乎？

附註

註一：史記秦始皇本紀曰：

秦初并天下……始皇推終始五德之傳，以爲周德火德，秦代周德，從所不勝，方今水德之始，改年始，朝賀皆自十月朔。

史記曆書曰：

……而亦因秦滅六國，兵戎極煩，又升至尊之日淺，未暇遑也。而亦頗推五勝，而自以爲獲水德之瑞，更名河曰「德水」而正以十月，色尙黑。

漢書律曆志曰：

戰國擾攘，秦兼天下，未遑暇也，亦頗推五勝，而自以爲獲水德，以十月爲正，色上黑。

漢初承之，如史記張蒼傳曰：

張蒼爲計相時，緒正律曆，以高祖十月始至霸上，因故秦本以十月爲歲首，弗革。推五德之運，以爲漢當五德之時，尙黑如故。

註二：如漢書高帝紀「秦二年十月」句下，顏師古註引文穎之言曰：

十月，秦正月。始皇即位，周火德，以五勝之法勝火者水，秦文公獲黑龍，此水德之瑞，於是更名河爲「德水」，十月爲正月，謂建亥之月水得位，故以爲歲首。

註三：見中華文化復興月刊民國六十九年二月號，（第十三卷第二期）。

註四：史記曆書：「幽、厲之後，周室微陪臣執政，史不記時，君不告朔，故疇人子弟分散，或在諸夏，或在夷狄，是以其禨祥廢而不統。」

漢書律曆志：「三代既沒，五伯之末史官喪紀，疇人子弟分散，或在夷狄，故其所記，有黃帝、顓頊、夏、殷、周、及魯曆。」

註五：史記陳杞世家：「杞東樓公者，夏后禹之苗裔也。」

註六：即黃帝、顓頊、夏、殷、周及魯曆。

本文見台北中華文化復興月刊第十五卷四期

國文教學的時代使命

我國原無所謂「國文教學」或「國文先生」這種名目的。我們的至聖先師孔子，以禮、樂、射、御、書、數六藝教育子弟，後來離孔不遠的曾子、孟子，以及漢朝的董仲舒、馬融、晉杜預、唐孔穎達、宋朱熹、張載、清顧炎武等等歷代大師除飽讀經史之外，也多能天文輿地之學，可是從無人尊稱他們爲「地理先生」「國文先生」等等名號的。總之先聖先賢的教學是全部的，是「傳道、授業、解惑」的整體工作。

至於「國文教學」、「國文先生」，這是清末新教育制度開始後，數學、地理、歷史、哲學、政治等等科目脫離了傳統教學而別立門戶，另起爐灶後的新名詞。因此，如果我們今天一定要給「國文教學」下個界說的話，那我們也只有說：今天的「國文教學」是將傳統教學除去了歷史、哲學、數學、地理、政治等等所剩下的工作，再加上一點新的東西（如新文藝創作等）。至於數學、歷史、地理等等的教學，多半偏重在授業的工作，而國文既要授業，仍要保有傳道、解惑的工作，基於此一界說，我們似可認定「國文教學」乃是承繼先聖教育中的掌門工作。當然，不是我們「國文先生」自抬身價，在今天這個新時代中，我們顯然是要做先聖先賢傳人的工作。

因此，在現時代中我們國文教學所負的使命，是艱鉅的：

一、就淺處看：國文教學是我國語言文字的教學。這一個工作，在古代稱之為「小學」，在今天就是國民教育中的國語教學。

我們知道，「語言文字」一般的任務，只是人與人之間的橋樑，做事求學的工具而已。但另一方面，它也是形成或強固一個國家，一個民族的重要因素，尤其是我們的文字，數千年來，在我們民族的成長和團結中扮演了尤為重要的角色，儘管過去在我國的土地上，有著數不清的方言，但所用的卻都是蒼聖所造的方塊字，讀的都是同樣的聖賢書，數千年來，乃形成四海之內，地不分南北，人不分種族，都以為炎黃的子孫，聖人的門下為榮。

然而，時至今日，我們蒼聖所造的方塊字，卻遭受到外困內憂的危局。

所謂外困，是指受到外國語文喧賓奪主的壓迫，譬如：我們初、高中的國文教學時數，遠比英文時數多，這顯然表示本國語文在教育制度上的被重視，但無可諱言的，不論是學校、老師、學生，甚而至於學生家長，實際上所重視的卻是影響升學的外國語文，入了大學，多半是外文的天下，出國留學就更不必說了，在國內中國人對中國人演講或私人談話，不論有無必要，有人總愛帶上幾句洋文，譬如，前幾年當總統經國先生任行政院長時，在出遊途中遇到幾個學生，談話完了，臨別，學生們向院長高呼「拜！拜！」而不說「再見！」總統經國先生爲此頗爲感慨。這顯然超越了學習外文是爲求知、求學的工具的目標。當然，這是近百年來我國飽受憂患的苦果。思之令人痛心。更令人痛心的是我國文字所遭受的內憂。

所謂內憂，是指中國字太複雜，書寫不易，大陸已有簡體化的行動，簡體化實際上也勢在必行，但如何實施簡化方能積極維護我們方塊字之美及其造字之本意與文字尊嚴，是我們國文教學的第一個時代使命。

二、深一層看：國文教學是義理、詞章的教學；是中國文學的教學。義理、詞章，在今天顯得艱困而費時，已夠我國文先生大費精神；而文學的教學，更要承先而啓後，積極開創新局。

我們知道，由於我們的方塊字有著單音、孤立、有調的特性，在幾千年來，詩、詞、歌、賦等等文學的表現上，已放射出特異的光輝，贏得舉世學界的喝彩。然而自承受歐風美雨之後，我們爲了因應所謂時代的潮流，在語言文字的使用上，已經作了很大的犧牲，我們移入了大量的借音字，如「沙發」、「摩登」等等，喪失了我們作爲象形文字所應有的意象功能。在文學作品方面，我們揚棄了古典文學平仄、押韻、對仗的傳統，使我們的單音、孤立、有調等語言特性發揮不了作用，我們學西洋的表現方式，效法他們的藝術形式，甚至於依照他們的意識形態。

我們指導青年欣賞我們的古典文學是我們的責任，但是引導青年開創我們自己的文學新途徑，更是我們國文教學的另一個時代使命。

三、再深一層看：國文教學是傳聖道的教學。也就是唐書裴行儉傳所謂「士之致遠，先器識，後文藝」的器識工作；更明白一點說，就是文信國公所謂的「讀聖賢書，所學何事？」的「事」的教學。

我們都知道，國文教學中所教的經、史、子、集、詩、詞、歌、賦等等，不僅是先聖先賢治學的結晶，也是先聖先賢行與言的典範，從這裏不僅讓青年學習到先聖先賢的學問，更讓他們接觸到先聖先賢的德操；使他們不僅學習到了文事，更讓他們領悟到，一個中國讀書人所特有的偉大精神與氣質。尤其重要的是，在與「國文」的長期接觸與學習中，可以使青年們感覺到他們是時時尚友古人，時時與我古今聖哲融為一體的，使青年們自然而然的認為，自己應該是一個「富貴不能淫、貧賤不能移、威武不能屈」的大丈夫；應該是一個「先天下之憂而憂，後天下之樂而樂」的范文正；是一個鞠躬盡瘁死而後已」的諸葛亮。不論他是學物理的、學化學的，都覺得自己該有傳統讀書人的那「安貧樂道」的瀟灑胸懷，和那股生死事小、名節事大的浩氣。我們身為「國文先生」，我們實在是「任重而道遠」啊！

在這國際逆流瀰漫，世局險惡的今天；在這科技發達，物質文明昌盛，「五色使人目盲」、「五味使人口爽」、「五音使人耳聾」的今天，引導青年掌穩自己的心舵，是我們國文教學的又一個時代使命。

四、「國文教學」是貫徹三民主義統一中國的能原。自本黨第十二次全國代表大會，總統經國先生提出以三民主義統一中國之昭示後，全會一致通過，且我海內外同胞掀起熱烈的服膺浪潮。我們都知道，三民主義是淵源於我中華固有文化的。先總統　蔣公在國父一百晉一誕辰中山樓落成紀念文中說：「　國父發明三民主義，以繼承我中華民族道統為己任，乃使我五千年民族文化歷久而彌新，蓋我中華文化之精華，盡擷於此也。」

又說：「故　國父三民主義之思想，不惟爲中華民族文化之匯歸；而三民主義之國民革命，乃益爲中華民族文化之保衛者也。」錢穆先生在「從中國歷史來看中國民族性及中國文化」中說：「我可以說文化是民族的生命，沒有文化，就沒有民族。」又說：「在今天縱是我們生活的觀念改變了，但還只能文化自救。」又說：「我覺得中國要救中國，只有一條路，就是中國的文化。」

因此，我們可以說，以三民主義統一中國，乃是我中華固有文化之復興與發揚。也就是中華民族生命的自救。我們知道國文與中華文化不可分，因此國文教學是推動中華文化復興，民族自救的基本工作。也是三民主義統一中國的能源。所以，我們國文先生加強國文教學工作以期早日完成總統經國先生以三民主義統一中國之昭示。爲我們的又一個也是最重要的一個時代使命。

總之，時代既然在教學上，賦予國文教學以掌門的職責，我們身爲「國文先生」一分子，雖然工作較其他各科先生繁重多多，而我們自信必能以鞠躬盡瘁之意念，抬頭、挺胸，擔負起時代的使命。

本文見高雄博愛雜誌第六卷第四期（民國七十二年七月）

附篇二：書畫題序五篇

張煥卿教授「情誼涓滴訴流不盡」序

該書恰如其名，正是一本充滿人間大愛，篇篇情誼涓滴訴流不盡的散文集。

煥卿兄是我中學時代的患難好友。高三時我倆不但同班，而且坐位前後相連，因而交往頻繁情誼非淺，彼此相知也深。他給我的感受，一則是他本性善良、事親至孝。誠如張伯母所言：「這孩子生性善良，在他的心目中，我這個後母從來就是他的親母。」二則是他敬師、好學、樂觀，待人接物敦厚誠懇。尤其是當年在高三功課極其忙碌，升學壓力極大的情況下，每次我所看到的煥卿，總是面帶微笑，從無憂悽或遷怒之色，令我印象深刻，更因此而深知煥卿兄日後必成大材。所以對於他後來考入國立政大、修碩士、任教授、出國進修、並適時發表【革新、團結、建設】（對中國國民黨第十二屆三中全會一些期盼）或【不信國魂喚不回】等等那些擲地有聲，且一一發表於海內外著名報刊的政治讜論，實皆意料中事。但看完本書，會令你感到意外，甚至於令你感到震撼的有以下幾點：

一是詩文寫作素養超群：煥卿兄讀政治專業政論，發表時政興革大作誠屬自然，然而【爲文篇】中，無論是寫國是政論，或是寫親子、師生、夫婦、同學、朋友之情，總是文筆犀利、條理井然、內容豐碩而中肯，篇篇有大將風，不能不令人刮目相看！尤其甚者，在【非詩篇】中，煥卿兄雖然覺得所作詩篇不能完全與【近體詩】中的平仄音韻格律吻合而謙稱【非詩】，這也只是他的謙虛而已。其實唐宋之前的【古體詩】、近代的散文詩，均無嚴格的平仄格律限制。至於「韻」，由於語音流變，各代有各代的韻書，現代人說國語，寫詩理當押現代的【中華新韻】，有何不可？恩師屈萬里先生乃一代大儒，也曾在他的詩作小序中說：「韻腳不叶者，則曰用【中華新韻】」。總之，本書的【非詩篇】不但是詩，而且是好詩，因爲該篇中很多讚頌人物的詩，煥卿兄往往將此人姓名分別嵌入詩內句首，俗稱之爲藏頭詩，而詩意仍能妥貼自然，實在高明，秀文雖忝任國學教席，亦自覺無此敏銳文思，讓每人每首都能妥貼自然之能耐，能不令人感到震撼？！

二是民國六十七年二月，煥卿兄赴美進修，不料年底美國與大陸建交，他於痛苦憤怒之餘，乃決定完成碩士之後，放棄繼續攻讀博士學位，束裝回台，如果中共趁勢攻台，他並決心回到預官時之陸戰隊，與其他戰友並肩殺敵，誓將共軍殲滅於海峽之中。煥卿兄有此決定後，果於次年六月完成碩士學位之後，放棄繼續攻讀博士學位，不久束裝回國。這雖然是三十多年前的往事，如今雖然早已時過境遷，且海峽兩岸亦已開展新局，但煥卿兄當年那種爲國家、爲同胞，毅然自我犧牲的豪情壯志，當與天地永存！韓清溪先生對煥卿兄此一義舉，也曾有詩贊之曰：「聞警星夜赴國難，義行比美文天祥」。壯哉！煥卿！

三是煥卿兄當年赴美國愛立華大學進修碩、博士時已升任正教授，而他入校後「從不以教授自居，總像個乖學生。」展現了他謙謙君子之風。再者出國前他早爲經國先生召見過，要他到救國團去上班，顯然有意借重，可是連催多次他都沒去，更展現了他做大事而不一定要做大官的高尙情操。尤其誇張的是他退休後偶然經人推薦，請他去幹大樓管理員，他居然真的去幹了四百多天，如果不是人家嫌他看書太多而辭退他，可能會幹得更久。爲什麼會這樣？我想他之所以如此，除了他心中早有職位無高下、工作無貴賤的大丈夫思想之外，應該還受陶淵明思想的影響。淵明先生歸隱田園後，無官一身輕，「採菊東籬下，悠然見南山」固然是他的快樂，而「帶月荷鋤歸」的田園操作，雖然辛苦，但他仍然視爲至樂。而煥卿兄退休後既已放下人生重擔，又無田園可歸可守，正巧有個大樓管理工作可幹，既可上班下班看書寫字打發閒散時光，又可鍛鍊身體減少方城之戲，雖然有時辛苦一些，煥卿兄心中也必然充滿淵明先生那種「帶月荷鋤歸」的至樂。大哉！煥卿！

總之，從這本散文集裡我們不但可以看到煥卿兄對國政的中肯讜論、文學寫作的高度素養，更可以看到他胸中對長官、老師、親人、同學、朋友的那種無私、無我，訴流不盡的大愛真情！尤其可以看到煥卿兄人如其文，文如其人的高境界人生。相信這本散文集，將來對打造人類的溫馨和諧社會，必有極大的貢獻！

謝秀文二〇一一年五月八日寫于鳳山

曾爲惠先生《老子中庸思想》序

老子書五千餘言，緣於文字簡略，用語特殊，後世注釋論證，代有才人，曾爲惠先生好老子學，常於學術刊物發表專論，今有「老子中庸思想」專書出版，該書建立「老子中庸思想」新理論，博引傍證，極見工力，在整理文化遺產與復興中華文化上助益甚大。曾先生既將老子道德經證爲中庸思想，亦連帶將老子書中多處疑難問題提出新證：

一、如老子十一章「躁勝寒，靜勝熱」、十六章「致虛極、守靜篤」、以及三十九章「致數譽無譽」等等存疑章句提出新解。

二、該書多處論及老子著書本意乃「針對侯王立言」，以「形上哲學」之道，轉化爲形下「政治哲學」之德。

三、該書論老莊異同：謂其異者，「道」形而下；老子轉化爲侯王政治哲學；莊子轉化爲普遍性人生哲學。其同者，兩者論「道」之說一致。

四、指陳老子書中對偶性文字幾近百數，如陰陽、天地、有無、美醜、善惡等等，爲「道」形而下之「中和萬有各自兩相對待」思想，而非中共學者張松如引證爲「矛盾鬥爭統一」論。

舉凡老子書中「衍文」之說，字義詁訓，版本異文等亦各有新證。

總之，曾君該書老子「中庸思想」之論證，將儒老推向「殊途同歸」之境界，爲學術界之大事，令人欽喜，乃爲之序。

謝秀文於鳳山校舍

民國七十九年四月

林麗娟女士《吾心自有光明月—王陽明詩探究》序

麗娟女士善論詩，民國八十年《杜甫詠懷詩學研究》專書出版，甚獲佳評。年來時有古典詩賞析專文發表於《國文天地》、《孔孟月刊》等期刊。今其《吾心自有光明月—王陽明詩探討》即將付梓，囑余爲之序。

觀陽明先生以「知行合一」學說享譽天下，世人皆知先生乃有明一代集哲學、軍事、政治、教育、學術諸家於一身之大儒，卻甚少知其在詩作方面之豐碩成就。即使有《四庫全書》特別點明陽明先生是「爲文博大昌達，詩亦透逸有致；不獨事功可稱，其文章自足傳世也。」亦無稱先生爲詩人者，更鮮有專事研究陽明先生詩作之巨著問世。近數十年來學界於此似已有所領悟，先後有廖鳳琳之《王陽明詩與其思想》、崔完植之《王陽明詩研究》諸文發表，然彼等或專力於思想，或著眼於章法修辭，而麗娟女士則於詳論「陽明詩之主要分期與思想」外，更進而析論「陽明詩中表現之詩觀」、「陽明詩中之意象觀」、「陽明詩與當代詩家之比較」、「陽明詩的影響與後世評價」等等，洋洋數十萬言，可謂視野開闊、功力深厚。

該書最大貢獻在於闡釋陽明先生詩中所呈現之學術功業成就暨深邃之哲學思想、超卓之人格風範，使世人重新評賞陽明詩而給予陽明詩「不必附庸於他的功業之下，足以單獨傳世而不朽」（作者語）應有之重視。

謝秀文序於鳳山

民國八十七年五月

顧柔利女士《賦之新變—北宋文賦研究》序

談到賦，往往令人聯想到「賦盛於漢，衰於魏，而亡於唐」之說。因而學界於賦體文學之專書研究，多兩漢而少魏唐，於宋幾近闕如。一九九二年雖有李瓊英《宋代散文賦研究》（學位論文）惜內容限於概論性。今顧柔利女士，繼其詩學研究《歐陽脩詠物詩詞研究》之後，成《賦之新變—北宋文賦研究》二十餘萬言。將北宋賦體文學作整體之探討與分析。發現賦至北宋因受特殊時代之衝擊與影響產生新變與再生。再生後之賦體文學不論在題材、內涵、暨表現技巧上，均有其承傳、開拓與創新。在思想上亦隱含儒、道、釋之多樣性。且由此文賦既可見當時士人高尚之生命情操，亦可窺宋人尋求生命安頓及心靈寄託於賦作之殷切情懷。總之，該書極具創意，析論精道而深入。北宋文賦在文學史上之光輝與價值，當因顧女士書而彰顯。今該書即將付梓，囑余為之序云。

謝秀文序於鳳山

民國九十三年五月

一幅難忘的畫

—張西郇先生《工筆花鳥畫册》序

引言

張西郇是我的好友，也是芳鄰。近年來，埋首畫事，每當夕陽西下，暮靄四垂之際，他總是放下畫筆，身著舊衣，提著鳥籠，安閒地，經我家籬邊往村外散步，看到他曲折而富挑戰性的半生，常使我聯想到一幅難忘的畫。

一、西郇其人

筆者於中學時代，曾受業於國畫名家劉伯鑾先生。而且頗得老師錯愛。記得高一那一年，校慶舉辦學生作品展覽，劉老師拿來畫譜，他指著其中的一幅畫說：「你看，這是斧劈皴寫成的山石，一顆盤根錯結的古松，斜出石壁，枝枒蒼勁曲折，意境高遠，構圖簡括，你可試著畫畫，參加展覽。」我的確用心地畫了好一陣子，雖然對劉老師所說的意境，難以揣度，但對那枝枒曲折、斜出崖際的古樹，卻留下了深刻的印象。西郇先生的一生，似乎就像那棵古樹，它生長在險峻、乾旱、貧瘠的山崖石壁，終生與風霜寒暑困頓相搏，在艱辛的歲月裡，邊枯邊發。西郇先生又何嘗不然！他於民國十八年出生於河北省一個典型的樸實農村，他的童年與九一八暨七七事變那段辛酸歲月相糾纏，時時要爲逃避戰禍，抵禦飢荒而奔走，顛沛流離，朝不知夕。民國卅五年，又因內戰而失學，徬徨四顧之餘，毅然從軍，他試圖以個人的血汗，改變自己與國家的處境。四十七年八二三炮戰時，他是最前線小金門的步兵連連長，稱得上是一個不折不扣執干戈以衛社稷的勇士。民國五十三年，他再以三十五歲的「老童生」姿態，與剛剛高中畢業的青年，同擠大學聯考的窄門（現役軍人沒有加分優待），考入中原理工學院，攻讀土木工程，以優異成績畢業。六十六年，通過考試院土木工程技師考試。六十七年，由陸官講師崗位退伍後，他又把不凡的才華，投入畫事，十年心無旁騖，困苦煎熬，終於「畫」出了一片新天地，今日的西郇，又進入了畫家的時代。回顧西郇的半生，真是在苦難中成長，在大時代的洪爐裡錘鍊，由流浪失學，到志願從軍，由工程師，再進而成爲名畫家，一如我心中那幅難忘的畫中的古樹，在嚴寒酷暑中煎熬時，還能憑藉毅力與勇氣，苦撐惡鬥，蓄勢待時，在山窮水盡處，創出柳暗花明的勝景，西村與命運的搏鬥，可以說已達到所向無敵的境界。尤其重要的是他不但克服了逆境，也創造了新的自我。老子說：「勝人者，有力；自勝者，強。」西邨先生和那棵古樹一樣，是在風雨中不向命運低頭的強者。

二、西邨的畫

西邨先生，專攻院派工筆花鳥。初習由讀畫入手，以寫生充實物象之生命力，先求逼真，再求神韻，筆觸細膩，已臻出神入化之境。舉凡勾線，設色，悉遵傳統古法，意在發揚我國固有繪畫技法，重視我國古代精緻繪畫風貌，以激發國人之民族自尊與自信，用心良苦。在構圖上，則遵古法而賦予新內涵，在意境上投注苦心。西邨認爲，一幅好畫，除基本技巧之外，一定要有高遠入微的境界。我很欣賞古代兩位畫家於繪事中隱藏的強烈訴求，一是宋代大詩人兼畫家鄭思肖，入元後畫蘭不畫土，意謂土已爲番人奪去，大宋子民，已無立足之所。一是明宗室朱耷，明亡後入山爲僧，作畫慣用「八大山人」，以此題款寄其似「哭」似「笑」，哭笑不得的無奈境遇。西邨先生在畫中意境的表現，似較隱微而高妙，如畫中多奇石（多爲藏石寫生），石狀雖百出，而他均能順其態勢，作自我意念之安排。花卉或叢出石隙，或獨生石背，枝葉繁茂，花色秀麗，即使在淒風苦雨之中，猶能作玉樹亭亭，以凸顯其生命力之強韌，寫鳥或獨立石上，傲然臨風，或佇立枝頭，呼朋喚侶，或凝神遠眺，似心有所警，或悠然靜觀，自得其樂。畫果則粒粒晶瑩而壯碩，畫牡丹朵朵華貴雍容。觀賞西郇的畫，常使我有置身畫中，而不自覺的失態感，他的每幅畫，都在清新中透出幾分靈性和骨氣，真是一塵不染，氣象萬千，這也就是畫如其人，人如其畫的道理吧！

見民國八十六年「張西鄒工筆花鳥畫冊」第六頁。

代跋

前塵—學生時代的寫作心路歷程

身在茫茫人海中沉浮而不知所之
心在滾滾紅塵中激盪而滴血不止

我於民國三十八年六月，隻身隨國立山東第三聯合中學至澎湖。老大哥們被編入部隊，我因年幼僥倖入澎湖防校初中一年級讀起。四十二年春，該校遷員林，更名國立員林實驗中學。當初三、高一之際（即民國四十一、二年間），時有感慨之作，承當時澎湖建國日報副刊主編白尚忠先生台愛，時時收入該報「海風」或「學習園地」以筆名「雁」或「寒雁」發表。計小詩，散文等十餘篇，惜均已散逸。數年前偕內人與李桐芳學長伉儷（李學長即當年編入部隊的老大哥之一。日後考入軍校，任軍中營長以上主官、李夫人劉文俠女士，即當年與我們一同入防校讀書的老同學。）赴澎湖旅遊，談到澎湖往事，唏吁之餘，想到當年此段「情緣」。特別往訪「建國日報」社。蒙現任社長幫忙，派人將當年存檔報刊搬出，雖原報已殘缺不全，但仍可找到七、八篇，乃影印而歸。惟此「作」可待成追憶而已，實無可讀性，因此僅影印原刊「夢」「童年」兩則於後，以作紀念。

民國四十五年我於國立員林實驗中學高中畢業，應屆考入省立成功大學中國文學系，回想當年聯考榜上有名，自以爲一則圓了大學夢，二則可從此展現自己的寫作素願，內心欣喜之情，不可言喻。但一入成大校門，現實生活壓頂，這才想起當年中學時代，生活雖苦，但吃住一切總有校長老師們安排，不用自己操心。但現在除第一學期入學應繳費用，由員林實中師長暨魯嶧鄉長捐贈而來外，可謂兩手空空入成大。擺在面前的，不可能是任何理想與抱負。只有拼經濟，但從何拼起？記得入學不久，我追隨家洪、國英，榮起諸兄，代表隻身在台考入成大的十幾位實中同學晉見當時的閻校長，希望能比照其他國立大學對我們這樣境遇的學生，在學雜費方面作些減免，以紓解部分經濟壓力，當校長知道了我們來意後，義正詞嚴的訓示我們道：「大學不是義務教育。當年我在國外刷盤子洗碗、打工完成學業，你們………不准。」當頭棒喝，真是當頭棒喝，讓我從此學會了「閉嘴」。校長的話當然是「擲地有聲」，但以我們這群人生地不熟的流浪兒，再加上當時的台灣經濟現實，我們到那兒去刷盤子洗碗打工呢？所幸上帝保佑，一開學就有台南地方法院院長曹偉修先生兼任我班法學緒論。曹老師課餘聽到我的現況報告，及請求代為謀份課餘兼差之後，一則憐我一無所有，再則為激勵我有「自食其力」的勇氣。乃親自送我至張（有忠）律師事務所，擔任晚間書寫工作。月入一百伍十元。除繳交伙食費之外，所剩無幾。為了學費及其他用項，曹老師再寫信把我推荐給台南稅捐處，安排暑假期間，白天任臨時雇員，一天十元，論天算。總之，民生問題，曹老師一人替我完全解決。因此，我方能有尊嚴的讀完四年大學。後來曹老師調任新竹。台北地方法院暨台中高分院院長期間，我雖曾多次趨前拜候，但終未能報師恩於萬一。而今恩師仙逝已久，奈何！今天之所以述此往事，主要在感念師恩，當然，曹老師給了我「活路」，閣校長給了我「骨氣」，從某種角度看，都是我的「恩人」。這也是我人生觀的主要轉折點。

回想秀文六歲失母教，十四歲隻身離鄉背井，漂泊四方，十五歲至澎湖，可以說是身在茫茫人海中浮沉而不知所之，心在滾滾紅塵中激盪而滴血不止。思潮澎湃，時時有宣洩發表之衝動。這種衝動雖然初三高一期間曾展現過一陣子，但後來不得不為升學而擱置。及入成大中文系，原以為可以如魚得水，然終為現實所擊潰。大學四年，幾全無自習，無假日，生活一直在上課，下課、案牘勞形中兜圈子。無暇參加任何社團活動暨重要的人際來往。四年的同班同學，沒說過幾句話的大有人在。記得大一暑假，救國團組隊赴阿里山風土採訪，由本系教授吳振芝老師帶隊。成員以本班（當時中文系只有我們一班）為主。好友亞東兄問我：「秀文你要不要參加，是公費的。」我只有苦笑著答道：「我另外有事……」其實我的內心在吶喊：「我一百萬個想去，但回來後下學期的學費那兒來！」就為了這白天、晚上一日十多元的雇員工資，我不但不能參加風土採訪隊，更不能赴中部看女友（就是現在的內人，楊大榮女士），只好請她來台南，請班上女同學傅漣漪（現在香港）丁母印（現居美國）她們幫忙安排臨時住在女生宿舍裏。天天陪我幹雇員，週末到小全成影院看場廉價電影。今日思之，仍令人心酸。當然，我也曾試圖以「稿費」代替純勞力工資。至少可以如我所願「練習寫作」。因此，在民國四十七年底，集兩月之力，所寫的東西，雖然一一發表於「新生」「民聲」「中國一週」等報刊（見著作年表），但所得稿費，卻不及半個月的雇員工資。從此我只好強壓住內心的「衝動」，不敢辭去工作。（雖然大二以後，有政府對我們這種境遇的學生，每月有九十幾元的補助，不無小補。但一則距一百二十元的伙食費，尚差一截，二則繳費始終不可少。）因此，也讓我的心中種下了「靠寫作，會餓飯」的毒苗。再兩年畢業，成績平平。四年一覺大學夢，是得是失，只有無語問蒼天了。成大畢業後一面教書，一面讀書。就這樣我一頭栽進所謂「學術」的故紙堆，而不能自拔。

至於民國四十七年底的那段「稿費」之作，僅選中國一週（四十八年一月十九日出版）上的「海戀」原版影印於後以作紀念。因爲「海戀」雖是小玩意，但它足可代表當時外貌靜如止水，而內心波濤洶湧的我。

民國九十三年春節於鳳山

童年全文

童年　　**寒雁**

像睡夢中的幻境，
像天空中的烟霧，
頃刻間的相聚，
頃刻間的分離，
沒有留下了絲毫的溫存，
沒有留下了絲毫的痕跡，
它所給我遺留下來的是
一串長長的—淚珠

民國四十一年十二月二十三日建國日報

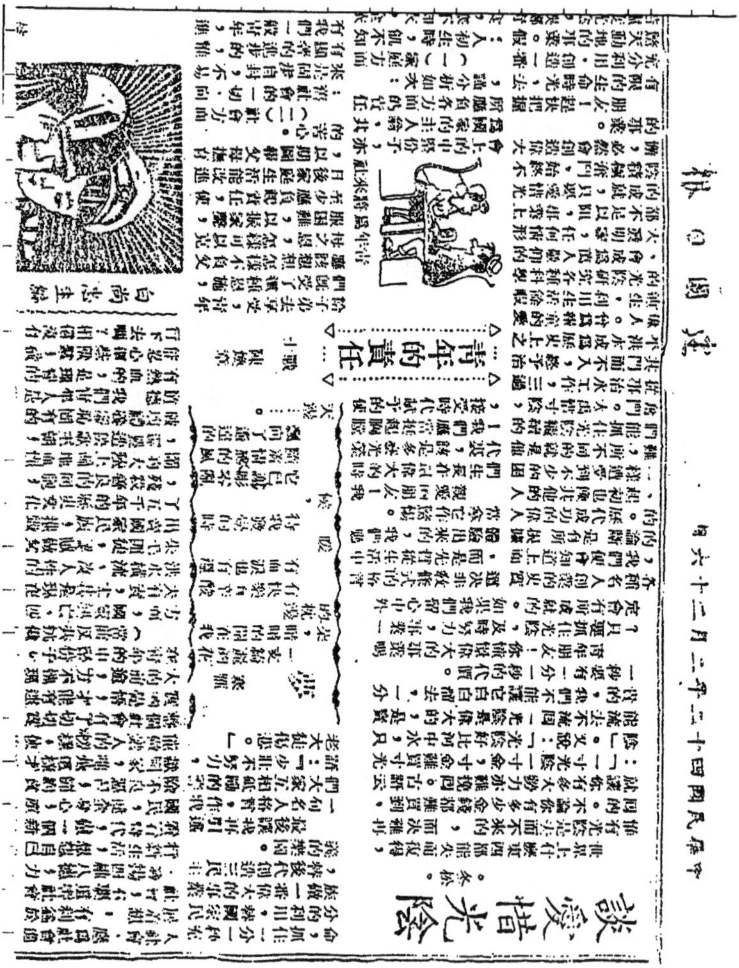
建國日報　中華民國四十二年二月二十六日

談愛惜光陰

。冬松。

世界上什麼東西都能失而復得，惟有光陰是去而不來的，而決難再回的。不論你有多少金錢都難買到，就讓你有多大勢力亦難挽回。古語云：「一寸光陰一寸金，寸金難買寸光陰」。又說：「光陰好比河中水，只能流去不流回」光陰是偉大的，是寶貴的，我們不能讓它白白溜去，一分一秒要有一分一秒的代價。

青年朋友！你憧憬偉大的事業嗎？只要抓住光陰，及時努力，事業一定會有所成就的。如果我們留心中外各種名人創業的史實，我們便會知道上面的論斷是有所根據的。

青年的責任

戰士　陳煥章

夢

寒雁

一支綺麗的花朵，
晴晴的開在我的枕邊，
有快樂有辛酸
有血淚也有深睃，
待我發覺的時候，
它已減彰容顏
隨落情懷的風
飄向了遙遠的天涯……。

白尚忠生繪

夢
寒雁
（原刊本）

說明：一、此為民國四十八年一月十九日的中國一週四五六期原刊影印本。
二、筆者山東人。「河北人」誤。

海戀

成功大学 謝秀文

海，我愛海。海是永恆的象徵，是神祕的化身。

我愛它的洶湧浩瀚，更愛它的溫柔恬靜。有時它像勇敢的騎士，在表演精彩的決鬥，讓你驚駭。有時像一個奇怪的老人，無休止的述說着些古老的故事，讓你神往。有時又像一位聖潔的女神，肅穆典雅。一位艷麗的少女，嬌羞嫵媚。一個無邪的小姑娘，活潑可愛。

春光明朗的季節，我愛坐在綠色的小島上，諦聽着海洋的戀歌。

豔陽下，我愛躺在軟綿綿的沙灘上，任海風吹拂。

秋風裏，我愛徘徊在海濱，遙望着天邊的雲彩。

嚴寒中，我愛佇立在高高的岸頭上，對着滾滾的浪濤長嘯。

海，是我最忠實的戀人。靈魂的全部。

面對着她，我有說不盡的言語，道不盡的心事，數不盡的夢……。

我想，有一天我會：化為清烟縷縷，飄飄隨長風吹浮於海上。變為海鷗點點，翩翩隨斜陽消失天涯。如其不然，亦當脫而為仙，隨李白騎鯨魚漫遊於海底。（註）

廿一歲，河北人

註：杜詩「若逢李白騎鯨魚」。俗傳太白騎鯨魚溺死潯陽。

內政部登記證內警台誌字三一七號
中華郵政認為第一類新聞紙類
主編者 中國一周編輯委員會 臺北市中山北路二段十六巷二五號 電話：四八五八三
發行者 中國新聞出版社 臺北市中山北路二段十六巷二五號 電話：四七五九七
定價：每冊新臺幣二元（學生、戰友訂閱六折優待），美金一角，港幣四角。 國內訂戶可將訂款

作者著作年表

序號	書名與篇名	出版與發表	時間	備註
1	中國文字之創造及演變	鳳山出版	1960	
2	老子韻	鳳山黃埔出版	1976	
3	春秋三傳考異	台北文史哲出版	1984.08	
4	寒雁集	高雄昶景文化公司	2004.05	
5	何處覓桃源	台北文史哲出版	2009.02	
6	春秋左傳疑異考釋	台北文史哲出版	2011.03	增修版
7	白雲的痴戀	建國日報	1952.11.20	筆名雁
8	一葉舟	建國日報	1952.12.09	筆名雁
9	恨	建國日報	1952.12.18	筆名寒雁
10	草	建國日報	1953.01.29	筆名寒雁
11	夢	建國日報	1953.02.26	筆名寒雁
12	花朵女人	新生報	1958.12.18	
13	夜半歌聲	新生報	1958.12.26	筆名謝斌
14	什麼最可怕	民生報	1958.12.26	
15	三圍（相聲）	青年戰士報	1958.12.26	筆名謝斌

序號	篇　　名	發　　表	時間	備註
16	早開的白蓮	新生報副刊	1959.01.12	筆名謝斌
17	海戀	中國一週 456 期	1959.01.19	
18	相親	台北青溪 72 期	1973	筆名謝斌
19	陌生人	台北青溪 75 期	1973	筆名謝斌
20	論語「宰予晝寢」之商榷	孔孟月刊 25 卷 5 期	1974	
21	從老子韻推證老子成書之時代	台北建設 24 卷 2 期	1975	
22	左傳「隱公立而奉之」釋義	台北建設 24 卷 9 期	1976	
23	老子韻（附老子韻例）	鳳山黃埔學報第 9 輯	1976	
24	談談管仲與三歸	國語日報語文周刊 1422 期	1976	
25	閒話魯南方音	台北山東文獻 2 卷 3 期	1976	
26	辨志譯註・張爾岐其人其事	國語日報古今文選新 375 期	1977	
27	春秋「惠公仲子」正名	台北建設 25 卷 11 期	1977	
28	紀念國父誕辰暨慶祝文化復興節應有的體認	紀念國父誕辰暨慶祝文化復興節大會	1977.11.12	陸官校專題演講
29	幸運的孩子	鳳山博愛 1 卷 1 期	1978	
30	我們的根	鳳山博愛 1 卷 4 期	1978	
31	強人頌	慶祝蘇雪林教授寫作五十年暨八秩華誕專集	1978	
32	三傳「君士」「尹士」之爭與春秋大義	孔孟月刊 77 卷 7 期	1979	
33	偷得浮生幾日閒	鳳山博愛 2 卷 4-5 期	1979	

序號	篇　　名	發　　表	時間	備註
34	南瀛遊蹤	鳳山博愛 2 卷 6 期	1979	
35	我們紀念蔣公誕辰應有的認識	紀念蔣公誕辰大會	1979	陸官校 專題演講
36	秦正建亥不自秦 — 六國始	中華文化復興月刊 13 卷 3 期	1980	
37	春秋杞紀錯訛之商榷	孔孟學報 39 期	1980	
38	我們應如何紀念國父誕辰暨文化復興節	紀念大會	1980	陸官校 專題演講
39	秦曆探源	中華文化復興月刊 15 卷 4 期	1982	
40	春秋異文探源	孔孟學報 44 期	1982	
41	從春秋左傳記時差異看二者之關係	中華文化復興月刊 17 卷 8 期	1984	
42	左傳曼伯檀伯釋疑	孔孟月刊 23 卷 1 期	1984	
43	春秋左傳記時差異探源（上）	鳳山黃埔學報 16 輯	1984	
44	春秋左傳記時差異探源（下）	鳳山黃埔學報 17 輯	1985	
45	春秋左傳成公五年記事倒錯考釋	台北文史哲 慶祝無錫施之勉先生 九秩晉五誕辰論文集	1986	
46	春秋名稱緣起說	台北文史哲　尉素秋教授 八秩榮慶論文集	1988	
47	念哉斯意厚 — 志清樓落成	鳳山黃埔週報 2009 期	1988	
48	課堂外的幾句話	鳳山黃埔月刊 434 期	1988	

序號	篇　　名	發　　表	時間	備註
49	永恒的追思 —— 和煦如春風光明如日月	紀念經國先生逝世周年大會		陸官校專題演講
50	曾爲惠先生著《老子中庸思想》序」		1990	
51	三傳經文何者最近古本考	鳳山黃埔學報 29 期	1995	
52	一幅難忘的畫	鳳山《張西邨工筆花鳥畫冊》	1996	
53	春秋左氏傳成書考辨	鳳山黃埔學報 29 期	1997	
54	人文精神之培養與實踐	公民訓練大會	1997.03.11	曉陽商工專題演講
55	林麗娟女士著《吾心自有光明月 —— 王陽明詩探序》序		1998	
56	一棵小草的獻禮	台北山東文獻 25 卷 1 期	1999	
57	棄智 —— 老子的儆世哲理	中央日報副刊	2002.05.16	
58	論司馬遷的憤怒	鳳山博愛 25 卷 3 期	2002	
59	無賴帝王與悲劇英雄	美南週刊 352 期	2003.07.27	休士頓
60	我們的根	美南週刊 353 期	2003.08.03	休士頓
61	古早站台人 —— 姜太公	美南週刊 355 期	2003.08.17	休士頓
62	過客	美南週刊 371 期	2003.12.07	休士頓
63	顧柔利女士《賦之新變 —— 北宋文賦研究》序		2004	